AF298339

Langres, imp. de Dejussieu.

PRÉFACE.

Le titre de cet ouvrage indique suffisamment le but que l'auteur a voulu atteindre en le publiant. Ce n'est point un *manuel* ou une nouvelle compilation de lois et de circulaires sur l'administration municipale, mais un *cours*, c'est-à-dire, un enseignement où les principes de cette administration doivent être exposés dans l'ordre de leur enchainement logique et de la manière la plus propre à en faciliter l'intelligence. C'est aussi un ouvrage *pratique*, car il ne s'agit point ici ni de théories abstraites, ni de discussions étrangères aux difficultés quotidiennes de l'administration, et la théorie n'a été appelée que comme un guide sûr pour l'auteur dans ses travaux, et pour le lecteur dans ses études. Il faut qu'un ouvrage de ce genre serve tout à la fois et aux recherches du moment, et à l'étude de l'ensemble de la législation ; tel est, du moins, le but que l'on s'est proposé. Pour y arriver, on a dû consulter avec soin toutes les sources du droit communal et en extraire les principes en vigueur, sans néanmoins reproduire les textes, les documents, et sans donner ainsi de nouvelles éditions du bulletin des lois ou des instructions déjà publiées ; mais on a dû aussi indiquer soigneusement, sur chaque matière, et en tête de chaque subdivision, les textes, les circulaires où le lecteur pourra vérifier et approfondir l'objet traité. Il a dû en être de même de la jurisprudence : ses décisions ont servi à former le corps de la doctrine, ses monuments ont été indiqués avec soin ; mais on s'est abstenu de surcharger cet ouvrage de ces réimpressions d'arrêts si fréquentes aujourd'hui, et qui grossissent les volumes sans profit pour le lecteur qui peut les consulter dans les recueils s'il le juge nécessaire. A ce moyen, le *Cours de droit communal* peut être complet sans être trop étendu, et il sera possible d'y étudier cette branche de notre administration sans y mettre plus de temps que les fonctionnaires municipaux, et tous ceux que d'autres travaux absorbent déjà, ne peuvent y consacrer.

Un jour, il faut l'espérer, l'enseignement qu'on essaie ici, sera réalisé par la création de chaires spécialement affectées au droit municipal dans les facultés; l'insuffisance d'un seul cours, d'un seul professeur, pour les matières si diverses qui composent le droit administratif, est déjà sentie; plus que toute autre, la législation communale est négligée, puisque le professeur peut à peine lui consacrer quelques leçons en parcourant le cercle étendu de son enseignement annuel.

Cependant, cette législation a d'autant plus besoin d'être connue qu'elle est plus fréquemment appliquée. Il est un certain nombre de personnes qui échappent toute leur vie à l'action de la justice et qui n'ont jamais à débattre leur honneur ou leur liberté devant les tribunaux; il n'en est aucune qui échappe à l'action immédiate de la législation municipale. Tous les citoyens notables d'une ville concourent à son application, et le nombre de ses agents est immense. Il faut dès lors que son enseignement sérieux fasse partie de l'enseignement public. La connaissance des lois ne crée sans doute pas les bons administrateurs, mais elle leur est indispensable; puisque celles-ci sont les instruments à l'aide desquels ils doivent agir sur la société, il faut bien qu'ils les connaissent avant de les mettre en usage. L'esprit le plus distingué ne compense jamais pour un fonctionnaire l'infériorité réelle où l'ignorance du droit le place par rapport à ses employés et souvent par rapport à ses administrés.

Le droit communal mérite bien d'ailleurs cet enseignement, car il forme un tout si bien lié et un système si complet, que son individualité déjà a frappé les meilleurs esprits. Un coup d'œil jeté sur son ensemble et sur la manière dont ses diverses parties procèdent les unes des autres, sera tout à la fois la preuve de ce que l'on vient de dire et l'analyse sommaire du *Cours de droit communal.*

PRINCIPE ET OBJET DU DROIT COMMUNAL.

Le jour ou deux familles se sont réunies et fixées sur un territoire, la commune a pris naissance ; car, dès ce jour, indépendamment de ses intérêts particuliers, chaque famille a eu avec les familles voisines des rapports nécessaires et s'est trouvée associée à tous les événements, à toutes les mesures que la jouissance commune, l'exploitation paisible du territoire nécessitent. Images et éléments constitutifs des grandes familles politiques qui sont les nations et les états, ces aggrégations de familles, ces communautés d'habitants procèdent donc des rapports nécessaires ¡entre les hommes qui sont, suivant l'observation de Montesquieu, la source du droit, non pas de ce droit arbitraire, mobile, qui procède de la législation, mais du droit supérieur, immuable, auquel le législateur est obligée de se conformer, qui crée la loi positive, et que la loi positive ne saurait ni créer ni méconnaître impunément. Le droit communal ou l'ensemble de règles qui régissent les communes a donc sa base et son individualité propre, et se retrouve dans tous les gouvernements plus ou moins développé, plus ou moins influent, suivant que le pouvoir politique est plus ou moins centralisé, mais toujours reconnu dans ses principes fondamentaux. » Le pouvoir municipal, a dit un » jurisconsulte éminent, n'est point une création de la loi ; » il existe par la seule force des choses; il est, parce qu'il ne » peut pas ne pas être. » Ainsi, c'est comme une branche essentielle de la constitution du pays, que la législation municipale peut et doit être envisagée. Ce serait plus qu'une erreur scientifique de la considérer comme une simple institution susceptible de varier, et qui ne doit être étudiée que comme un des rouages de l'administration changeante des sociétés modernes. On conçoit très-bien un gouvernement fort et habile, privé de notre système administratif, une société politique, autrement constituée; mais il est impossible de comprendre comment il existerait un état où, indépendamment du lien politique, les habitants n'auraient pas besoin d'être réunis pour la conservation des avantages ou des charges résultant de leur agglomération sur une partie du territoire, et qui seraient privés d'une administration locale chargée de régler les intérêts quotidiens résultant de ce voisinage.

On pourrait dire, avec raison, que le droit municipal repose sur un principe unique, *l'association;* car toutes les institutions municipales peuvent être déduites de cette donnée, que les habitants d'une commune sont associés pour arriver à un but qui est le bonheur commun, et que leur gouvernement comme leurs devoirs découlent naturellement de cette communauté d'intérêts. Sans cette donnée, il serait même difficile d'arriver à la solution de certaines difficultés pratiques de l'administration des communes. Entre le droit communal et les principes fondamentaux du contrat de société, il existe une analogie très-grande, une similitude de position et de conséquences qui justifient pleinement ce que nous venons de dire. Ceci admis, on comprend comment toute législation municipale comporte nécessairement 1° une certaine intervention des habitants dans la gestion de l'affaire commune;

2° L'obligation de contribuer à certaines charges communes et de fournir, de leur propre patrimoine, les sommes nécessaires à la société;

5° Le droit de participer, préférablement aux citoyens de la même nation, mais aggrégés à une autre commune, aux avantages matériels ou moraux que présente la commune;

4° L'obligation de répondre, dans une étendue plus ou moins grande, des faits de la commune ou accomplis dans son sein;

5° Le droit de veiller au maintien du bon ordre matériel et moral, dans l'étenduedu territoire habité par eux.

C'est à peu près à ces cinq faits que correspond tout le droit communal ; les autres attributions conférées aux communes ou peuvent s'y rattacher plus ou moins directement, ou leur ont été données dans l'intérêt général de la société, mais sans aucune liaison nécessaire avec le droit communal.

DIVISION ET DISTRIBUTION DU DROIT COMMUNAL.

La liaison intime qui existe entre toutes les parties de la législation municipale, en rend la distribution méthodique extrêmement facile. Ainsi, la commune ayant une existence civile, distincte de celle de tous ses membres constituant un corps moral, la première chose à étudier et à déterminer c'est le caractère auquel on reconnaît cette existence ; les conditions sous lesquelles elle prend naissance se conservent ou cessent. Comme les êtres physiques, la commune a sa position, ses droits et ses devoirs comme *personne,* son état civil et même politique.

Les premières communes ont dû leur existence à des circonstances toutes de fait, mais il ne saurait en être aujourd'hui de même, et la société politique est trop intéressée dans tout ce qui concerne les associations formées au milieu d'elle, pour ne pas intervenir toutes les fois qu'il s'agit d'en reconnaître une nouvelle ou de prononcer la suppression de quelques-unes. De leur côté, ces associations communales, qui couvrent aujourd'hui tout le territoire, ne peuvent augmenter ou diminuer en nombre, sans recevoir de profondes modifications et subir des morcellements ou des augmentations de territoire ; elles ont donc le droit d'être consultées et de s'opposer, dans certaines limites, à ces actes qui menacent leurs droits anciens et acquis. En conséquence, les réunions, divisions ou formation de commune, ne peuvent avoir lieu qu'en vertu de la loi, soit qu'il intervienne une loi particulière dans certains cas prévus et déterminés, soit que le pouvoir exécutif, puisant dans la loi organique l'autorité nécessaire, prononce, par ordonnances, dans les cas spécifiés par cette loi.

Le consentement des communes intéressées est toujours demandé et leur avis nécessaire. Il n'est permis de passer outre, en cas de refus de la part de ces communes, qu'au moyen des formes solennelles d'une loi, à moins qu'il ne s'agisse de communes dont la faible importance fait fléchir le principe.

Les réunion, division, ou distraction de communes, laissent, autant que possible, intacts les droits des habitants aux jouissances communes.

La commune, ainsi reconnue ou créée, ne peut, comme tout corps moral, agir et se produire que par des représentants, des êtres physiques, sur la tête desquels viennent se concentrer les actions actives ou passives de ces communes. De là, la nécessité d'organiser cette représentation et une magistrature à placer à la tête de la cité. Du principe qui appelle les citoyens d'une commune à participer activement et par eux-mêmes à l'administration de cette commune, a paru découler le principe que les autorités, chargées de la gouverner, doivent être non-seulement prises parmi les habitants, mais encore choisies par eux ; de là, l'élection adoptée comme base fondamentale de l'organisation des pouvoirs communaux. Ces élections ne sont pas le produit du suffrage universel, mais d'un certain nombre de plus imposés, augmenté de quelques électeurs auxquels leurs grades ou leurs fonctions attribuent ce droit. Au lieu du vote universel et en une seule assemblée, le vote par sections a prévalu ; les fonctions sont d'ailleurs temporaires, six années, et les élus remplacés tous les trois ans par moitié.

Ces représentants de la commune une fois investis du droit d'administration, il a fallu faire, entre eux, le départ des attributions variées qui ressortent du pouvoir municipal, et il a paru convenable de placer à la tête de ce pouvoir un magistrat unique, chargé seul de l'administration, suppléé par deux magistrats adjoints quand le besoin l'exige, mais seul maître de ses actes comme il en est seul responsable. A côté de ce magistrat, du maire, le reste des élus forme le le conseil municipal, assemblée totalement privée du droit d'action au dehors, du pouvoir de commandement, mais qui est appelée à délibérer sur tout ce qui concerne la commune, à régler les finances et à contrôler ainsi l'action du maire dont les actes ont, en beaucoup de cas, besoin d'être précédés de son avis ou suivis de son agrément. Ainsi c'est, à quelques dissemblances près, une sorte de gouvernement représentatif organisé dans la commune. Le maire, quoique élu dans l'origine, reçoit son caractère de la nomination royale et représente assez bien le pouvoir central dont sur certains points il se trouve, d'ailleurs, l'agent et le représentant. De là, les règles nombreuses et importantes qui déterminent les attributions de chaque pouvoir et les limites où il doit s'arrêter.

Tout ce qui précède pourrait s'appeler l'état civil·de la commune et correspond assez bien au traité des personnes dans le droit privé. Cette première partie réglée, on passe naturellement aux *faits* ou actes de la commune et de ses magistrats, c'est-à-dire, à l'administration. La commune ainsi constituée, si l'on ne suivait que l'ordre logique, devrait être administrée librement, sous la seule responsabilité de ses magistrats et par la volonté du peuple, et c'est effectivement ce qui a eu lieu pendant long-temps; mais ici vient se placer un autre principe qui domine tout ce qui concerne l'administration des cités. La société politique chargée de veiller au bonheur de tous, et par conséquent au bon ordre qui en est la source, a de tout temps reconnu que, même dans la vie privée, il était nécessaire de protéger, contre leur faiblesse et leur inexpérience, certaines personnes, de leur donner un protecteur, un tuteur, chargé soit de faire pour eux ce qu'ils doivent, soit de les prémunir contre certains actes qui leur seraient nuisibles. Les communes n'ont pas tardé à prendre place dans cette catégorie, et le pouvoir politique s'est déclaré leur tuteur, leur protecteur, portant, sur presque tous les actes de l'administration intérieure, l'examen et le contrôle, et étendant ce pouvoir jusqu'à ne permettre certains de ces actes qu'après autorisation de sa part; de là, le principe que l'administration de la commune appartient aux magistrats municipaux sous le contrôle et la surveillance de l'autorité centrale ou de ses délégués. Ce premier principe a amené une conséquence remarquable; en effet, l'administration locale pouvant errer, autant en ne faisant pas ce qu'elle doit faire qu'en faisant ce qui ne devrait pas être fait, on a admis que le pouvoir protecteur devait aller jusqu'à la contraindre à ces actes nécessaires et même jusqu'à se substituer à elle et agir pour son compte dans certains cas.

Ceci posé comme prémisses nécessaires, l'objet de l'administration communale est double comme les besoins des hommes qui habitent la commune. Par la gestion économique du patrimoine et des revenus communs, on satisfait aux besoins matériels des citoyens; par les soins donnés aux cultes, à l'instruction, à la police, aux indigents, on satisfait aux besoins moraux: de là, la division de l'administration municipale en gestion économique et en gestion morale.

Les communes, en leur qualité de personnes civiles, sont aptes à acquérir, à posséder, à contracter; seulement, cette aptitude est nécessairement modifiée 1° par leur qualité de personne purement morale; 2° par les règles particulières au droit communal et à la tutelle du pouvoir central. Ici, concourent et la législation civile ordinaire, et les principes du droit spécial qui les régit.

Les biens que les communes sont appelées à posséder, ne leur sont acquis qu'avec la destination de les employer à l'utilité de tous, donc la jouissance qu'elles en ont doit être exercée dans ce but. Or, il peut être atteint de deux manières, l'une en affectant certains de ces biens à la jouissance commune de tous les citoyens, comme les chemins, rues, places, promenades, églises, etc; l'autre, en percevant les fruits qu'ils produisent et en les employant soit à une répartition périodique et en nature, entre tous les habitants, soit en versant ce produit dans la caisse municipale pour être employé aux dépenses communes; de là, les distinctions tranchées qui existent entre les biens communaux affectés à un service public, les biens productifs dont les produits sont partagés en nature, et les revenus versés dans la caisse municipale.

Les biens affectés à un service public, et notamment les voies de communications, sont tellement importants, touchent de si près à l'intérêt général, qu'ils sont régis par une législation spéciale et que le pouvoir central tend avec raison à étendre sur eux une action moins intermittente, moins fractionnée que celle du pouvoir communal; quoiqu'il en soit, ces biens forment et formeront long-temps encore l'objet important du droit communal. C'est un principe constant que chaque commune doit assurer, sur son territoire, la circulation, et qu'elle est responsable des inconvénients graves que sa négligence peut occasionner. La réparation des voies de communication est même une charge personnelle des habitants qui sont obligés d'y travailler de leurs mains et de contribuer spécialement de leur bourse à ces travaux. L'autorité centrale est armée de pouvoirs suffisants pour contraindre les individus et les communes à l'accomplissement de ce devoir. Les autres biens affectés à l'usage du public étant d'une utilité moins impérieuse, sont plus abandonnés à l'action du pouvoir local qui est astreint néanmoins à des règles précises, et spécialement à surveiller, dans l'intérieur des communes, tout ce qui tend à améliorer la direction et l'alignement des rues et promenades, et à l'entretien des édifices communaux.

Les biens dont les produits se perçoivent en nature, sont de deux sortes : ceux dont les habitants jouissent immédiatement tels que les pâturages, et ceux qui se récoltent par la commune , mais à la charge d'une répartition annuelle. Le réel de ces jouissances est rigoureusement déduit du principe de l'association, et nul ne doit y prendre part s'il ne fait partie de la commune. Celle-ci conserve, du reste , le droit de distraire momentanément de leur destination ordinaire , ces produits en nature, pour les employer à l'utilité de tous.

A l'égard des biens productifs de fermages, et qui sont versés dans la caisse municipale, ils constitueut une partie des revenus des communes ; mais ce revenu serait bien insuffisant s'il ne s'augmentait des taxes que la commune est autorisée à percevoir sur les habitants et les propriétés, soit à l'occasion des denrées et marchandises qui se consomment dans leur enceinte, soit par l'occasion de l'occupation de la voie publique, soit enfin par addition aux impôts perçus au nom et pour le compte du gouvernement. A ces sources de revenus viennent se joindre quelques autres perceptions établies sous divers motifs, et le tout se confond dans la caisse du receveur de la commune.

La réalisation, le placement et l'emploi de ces fonds donnent lieu à des réglements qui sont une des branches importantes du droit communal. Ces règles ont pour but , comme il est facile de le comprendre , d'assurer la rentrée complète et régulière des deniers de la commune, leur emploi régulier, et enfin l'ordre nécessaire pour que le compte et la justification de ces mesures puissent être faits facilement.

L'administration de la commune est totalement affranchie du maniement matériel des fonds lui appartenant, il lui est même interdit de s'immiscer dans ce maniement. Ce soin regarde un fonctionnaire spécial et responsable. Réciproquement, ce fonctionnaire est étranger à l'administration ; celle-ci prépare les recettes et lui en transmet les titres , arrête et ordonne les dépenses et lui indique les paiements pour qu'il effectue les unes et les autres.

Un autre principe non moins important est la nécessité, pour l'administration, de faire voter par le conseil, et ensuite autoriser par le pouvoir central, le budget ou état annuel des dépenses et des recettes, ainsi que toutes dépenses accidentelles qui ne seraient pas comprises dans cet état. Des règles nombreuses et minutieuses assureront l'exécution de ce principe qui a pour sanction le rejet de toute recette comme de toute dépense non autorisée, et la responsabilité du receveur.

Enfin, l'administration doit rendre compte, chaque année, de la manière dont elle a employé l'argent mis à sa disposition, et le receveur doit aussi le compte des fonds qui ont passé dans sa caisse. Ces deux comptes soumis au conseil municipal sont ensuite jugés par l'autorité supérieure et compétente, suivant les cas, des préfets et du ministre de l'intérieur, des conseils de préfecture et de la cour des comptes.

On comprend que l'application de ces principes généraux et des règles secondaires qui en découlent, fait de notre système de comptabilité l'un des meilleurs connus jusqu'à ce jour.

En résumé, la gestion économique des cités se réduit à trois points : formation du patrimoine municipal, emploi de ce patrimoine dans l'intérêt commun, justification de cet emploi.

Dans l'administration morale, diverses choses sont à considérer ; la religion cause et soutien de la morale publique, l'éducation qui cultive et élève l'esprit par les belles lettres et les beaux arts, la police qui veille au maintien du bon ordre, prévient ou soulage les malheurs, ou réprime les écarts que les deux premières ne peuvent empêcher.

Si la croyance est une chose toute individuelle, les actes commandés par cette croyance, sa manifestation au dehors, sont des choses d'un intérêt général et que la société ne peut voir avec indifférence, 1° parce qu'il importe au bonheur commun, qui est le but de l'administration, que chacun puisse exercer sa religion et se réunir à ses coréligionnaires en toute sécurité; 2° parce que ces réunions affectent essentiellement l'ordre public et exercent sur lui une incontestable influence. Aussi, la commune est-elle tenue d'assurer l'exercice des cultes légalement reconnus et de faire les dépenses nécessaires à cet exercice; à part quelques mesures de police, là se borne l'intervention du droit municipal dans les affaires religieuses.

Cette action est plus grande en ce qui concerne l'éducation publique: la commune est d'abord tenue d'assurer l'instruction primaire, et cette obligation est tellement impérieuse, que les habitants doivent, en cas d'insuffisance des revenus ordinaires, y suppléer par une addition aux impôts qu'ils paient. L'inspection sur ces écoles est exercée au premier degré par un comité qu'on peut considérer comme une commission municipale, et le conseil a le choix des instituteurs comme il a le droit d'allouer, en dehors des dépenses obligatoires, tout ce que le besoin de l'instruction lui paraît exiger.

A un degré supérieur, les communes sont appelées à encourager l'instruction secondaire des colléges communaux, en en faisant la dotation et en les surveillant par une commission administrative prise encore dans le sein du conseil municipal ou parmi les notables habitants.

Comme accessoires entièrement abandonnés à la libre volonté comme à la libre administration des corps municipaux, viennent se grouper autour de ces établissements d'instruction publique, les musées, bibliothèques, chaires particulières d'industrie, de commerce, les écoles de dessin, etc. Et, comme on le voit, il n'est aucune des choses tenant à la culture de l'esprit humain, que l'administration municipale ne puisse comprendre dans sa sphère d'activité.

Mais pour que tout prospère et se soutienne dans la commune, il est une condition indispensable, c'est que l'ordre matériel règne partout et que la santé comme la sécurité publique soient assurées. C'est l'objet de la police municipale. Cette sollicitude, inhérente à ses fonctions, est tellement nécessaire que le pouvoir municipal n'a pu être dépouillé du droit exorbitant, dans nos sociétés modernes, de faire la règle et de la faire appliquer, de conserver une autorité législative sur les habitants.

Au maire appartient cette attribution importante, et les arrêtés qu'il prend à cet égard sont exécutoires, à moins que l'autorité centrale n'en prononce l'annulation dans un délai déterminé. La force publique peut être requise par lui et il a sous ses ordres les commissaires de police et les agents que comporte l'importance de la commune. En première ligne, vient se placer la charité publique et la surveillance des indigents. Le pouvoir municipal y intervient 1° par le maire, président des bureaux de bienfaisance et des commissions administratives des hospices; 2° par le droit d'examen, conféré au conseil municipal, sur l'administration de ces bureaux à l'occasion de leurs budgets, acquisitions, procès ou aliénations. La police municipale est proprement une police de prévoyance : tout ce qui se rattache à la viabilité, à la salubrité, à la commodité publique, rentre dans ses attributions, et par ce point, l'administration municipale se rattache aux questions les plus élevées de l'administration générale ; ici, le droit s'aide, se complète par les lumières de la science, et le pouvoir de réglementer n'est qu'un moyen de mettre en pratique les enseignements de celle-ci.

Tel est le cercle qu'embrasse le droit communal proprement dit ; on voit qu'il est assez étendu pour mériter l'importance que nous réclamons pour lui dans l'enseignement du droit. Mais le pouvoir central a encore ajouté à ces fonctions *naturelles et nécessaires du pouvoir municipal,* un certain nombre d'attributions qui pourraient en être distraites sans inconvénient, mais qui se lient assez heureusement avec les attributions propres à ce pouvoir, pour être aujourd'hui identifiées avec lui. Dans ces actes, le maire agit, non plus comme exerçant le pouvoir municipal , mais comme délégué de l'autorité centrale.

Ainsi , il est officier de l'état civil , constate les mariages , naissances et décès, sous la surveillance de l'autorité judiciaire. Il est, sous la même surveillance, officier de police judiciaire.

Enfin , dans une foule d'actes , il agit comme délégué de l'administration ; de telle sorte que l'administration communale est réellement le dernier et le premier rayon de l'administration publique, comme la commune est elle-même l'élément, la molécule intégrante de la société politique. Du gouvernement de la commune au gouvernement général, il n'y a guère de différence que dans l'étendue du cercle d'activité; aussi, de toutes les fonctions publiques , la plus honorable , et celle qui peut le mieux satisfaire l'activité d'un esprit jaloux du bien général , sera toujours l'administration municipale. Pourquoi faut-il que tant de causes diverses contribuent à en rendre l'exercice pénible , et qu'en fin de compte on n'y recueille , après quelques années , que lassitude et dégoût !

INTRODUCTION HISTORIQUE.

Toutes les parties de la jurisprudence ont besoin
d'être éclairées par l'histoire, parce que toutes
elles ont un passé, des antécédents dont elles
procèdent, et qu'aucune n'est sortie toute formée du cerveau des législateurs. Peut-être, dans
ces derniers temps, a-t-on exagéré cette vérité,
peut-être a-t-on passé d'un abus à un autre, et de
la stérilité historique de quelques compositions
sur le droit à l'abondance, presque aussi stérile
pour la science, des détails et de l'archéologie ju-
ridique. Mais, toujours est-il que c'est maintenant un devoir, pour tout ouvrage de jurisprudence, de faire connaître le passé de la matière
qu'il traite et d'y chercher la raison et souvent
l'explication ou l'intelligence du présent. D'ailleurs, là où les résultats pratiques ne peuvent être
signalés, ils sont compensés par l'intérêt réel qui
s'attache à des études dans lesquelles revivent,
plus que partout ailleurs, les mœurs et les institutions des générations écoulées. Plus une législation est fixe, plus elle procède de ces rapports
nécessaires entre les hommes qui sont la source
de toutes les lois véritables, plus elle gagne à ces
investigations historiques. Ainsi le droit commu-

**

nal, cette règle à l'usage des sociétés naissantes aussi bien qu'à l'usage des sociétés avancées, trouve la consécration de ses maximes fondamentales mieux encore dans son histoire que dans l'examen philosophique des principes d'organisation sociale ; et c'est, en s'appuyant sur le témoignage des historiens, que le président Henrion de Pansey a pu dire aux publicistes : « Le droit municipal n'est pas une création de la loi ; il est parce qu'il ne peut pas ne pas être [1]. »

En effet, ce qui ressort pour nous, au dernier degré d'évidence, du travail auquel nous nous sommes livré, et dont le résultat est consigné dans cette introduction, c'est l'existence, sous des formes administratives diverses, de certains principes qui se reproduisent toujours et nécessairement comme base de toute administration communale, aussi bien à Rome que dans les villes du moyen-âge, et sous la monarchie absolue comme sous les gouvernements constitutionnels. Sans aucun doute, ils reçoivent plus ou moins d'extension, ou des restrictions plus ou moins multipliées suivant la force variable et les tendances plus variables encore du pouvoir central, mais ils ne sont jamais entièrement méconnus. Par là, il est arrivé que de toutes les institutions modernes, l'organisation municipale est celle qui s'est le mieux assimilée le droit romain, et

[1] Du pouvoir municipal.

en comparant notre système au régime romain,
on est étonné de la conformité qui les réunit, du
petit nombre de principes nouveaux que les siècles
ont introduits, et du peu que les mœurs et les sociétés modernes ont ajouté à cette partie du droit.
Plus d'équité de la part du gouvernement, plus
d'intelligence dans la tutelle administrative, moins
de dureté dans l'application des charges dues par
tout citoyen à sa commune, mais au fond les
mêmes principes fondamentaux, telle est la conséquence que produit cette comparaison.

Cependant, chaque révolution influe sur les
communes, au moins quant à leur forme exté-
rieure et à leurs rapports avec le pouvoir central;
on pourrait même diviser l'histoire du droit municipal comme l'histoire politique; la domination
de Rome, l'invasion des barbares, la féodalité,
la renaissance et l'accroissement du pouvoir royal,
enfin, notre révolution de 1789, correspondent
certainement à des phases marquées de la législation communale. Toutefois, il nous paraît qu'on
peut réduire à trois parties bien distinctes ces divisions nécessaires. La période romaine forme la
première et la plus importante, comme source
du droit. La seconde, qui commence à l'invasion
barbare et finit en 1789, comprend la renaissance
et l'accroissement des communes modernes sous
l'action protectrice d'abord et réprimante ensuite
de la royauté arrivée au pouvoir absolu. La révo-

lution de 1789 est le point de départ de la troisième, pendant laquelle le droit communal s'est développé dans la lutte entre le principe de démocratie et d'affranchissement qui en a été le programme, et la centralisation du pouvoir central qui en a été le résultat.

C'est sous ces trois grandes divisions, et sauf à marquer dans chacune d'elles ce qui différencie une époque de l'autre, que nous placerons tout ce que nous avons à dire sur l'histoire du droit communal.

ESSAI

SUR

LA LÉGISLATION MUNICIPALE

Des Romains.

PREMIÈRE PARTIE.

—

HISTOIRE

DE LA LÉGISLATION.

—

CHAPITRE PREMIER.

I. Caractère exclusif des anciennes législations et de la législation romaine en particulier. — II. Rome a été néanmoins contrainte d'adopter une politique contraire et de faciliter l'admission des étrangers dans la cité. — III. Modes divers employés pour l'aggrégation des étrangers au peuple romain. — Politique du sénat dans la concession des droits de citoyen romain. — IV. Premier exemple du droit de cité accordé à une ville étrangère. — Les Cérites. — V. Les peuples du Latium. — Peuples *fundi* — *Latini veteres* — — *Socii latini*, etc. — VI. Les peuples de l'Italie proprement dite. — *Jus italicum*, en quoi il consistait. — VII. Droit de cité accordé à toute l'Italie, puis à toute la Gaule cisalpine, puis à tout l'empire. — VIII. Distinction entre le sol romain et le sol étranger. — Elle survit à la distinction entre les personnes. — IX. Diversité des rapports qui liaient les peuples soumis ou vain-

I. **Les** Romains partageaient cette idée commune à tous les peuples de l'antiquité, et dont il est encore plus d'une trace dans la législation moderne, que le droit civil d'un peuple ne protége que les nationaux [1]. Aussi , plus qu'aucun autre , le vieux droit des quirites , avec cette rigueur logique et inflexible qui le caractérise, repoussait l'étranger, l'ennemi, et proclamait cette maxime impitoyable *adversus hostem æterna auctoritas esto.* Au-delà donc de Rome, de l'*ager romanus* , des peuples à combattre, des provinces à conquérir ; et au-dedans, des citoyens romains,

---

[1] Cette opinion des anciens est parfaitement exposée par M. Veber, *Hist. Phil. Jur. apud veteres,* civili conditione assuefacti justitiam è civitatis ratione metiri et indè , quod in hujus tutelam se recepissent, omne singulorum jus deducere aggressi sunt : nulla igitur obligatio erga peregrinos, nisi supplices sint vel hospitio recepti,

des hommes éminents investis de toutes les capacités du droit civil et politique : telle fut la première division que Rome fit du monde dont l'empire lui était promis.

II. Mais si le droit était impitoyable et inflexible, la politique ne l'était pas ; il n'était pas impossible d'acquérir ce titre si favorable de citoyen. Par une heureuse conciliation, celui que le droit civil repoussait comme étranger, pouvait y participer en cessant de l'être, en devenant romain. C'est là ce qui fit la force, la grandeur et la durée de Rome, et cela tenait à son origine même. Tout le monde sait, en effet, que pour peupler cette ville nouvelle Romulus et ses successeurs furent contraints d'y appeler, d'y accueillir des hommes, des réfugiés de tous les pays ; ainsi, cette population qu'isolait un droit si exclusif, si rigoureux, n'était rien moins qu'homogène, et de là cette politique admirable qui, d'une part commandait à l'étranger, par la rigueur du droit civil, le désir de devenir romain, lui faisant détester cette position d'étranger d'autant

quibus ob divinam legem parcendum ; nulla cujuscumque generis erga hostes, quos quis insidiis structis circumveniant et qui armis fortiter superent, æqualem laudem merentur, quos solemniter mactare et mortuos dilacerare non indecorum habetur; nullum vero scelus adeo execrabile, quam si quis civitatis vinculum dirrumpat, quo scilicet singulorum omnia jura continentur : qui intestinum bellum movet, omnem societatis justitiæ et religionis sensum exuisse dicitur, p. 37.

plus que Rome grandissait davantage : de l'autre, lui laissait en perspective l'obtention du droit de cité, l'adoption par Rome, et l'empêchait ainsi de devenir un ennemi sans espoir, et, par conséquent, un ennemi implacable.

Aussi voyons-nous ces deux maximes constamment mises en pratique par le sénat dès les temps les plus reculés, jusqu'à l'époque où il fut contraint de céder à toute l'Italie en armes ce droit si chèrement acheté et si vivement disputé.

III. Il faut d'ailleurs marquer, dans cette période, trois époques ou trois modes différents d'agir de la part du sénat. Dans la première, Rome ouvre ses portes et son territoire aux peuples *vaincus*; ils viennent habiter son enceinte, eux, leurs dieux et leurs familles. Cette époque est caractérisée et définie par la formule employée par Romulus lorsqu'il transporta le peuple d'Albe à Rome. » *Quod bonum faustum felix quæ sit* » *populo romano ac mihi vobisque albani : popu-* » *lum omnem albanum Romam traducere in ani-* » *mo est, civitatem dare plebi, primores in patres* » *legere unam urbem unam rempublicam facere.*[1] » Il y a, si j'ose parler ainsi, dissolution d'un peuple dans l'autre ; cela dura pendant près de quatre siècles, et, à l'aide de ces moyens, dès l'année 246 de sa fondation, Rome put porter jusqu'à

---

[1] Tit. Liv., 1., 28.

23o,ooo le nombre de ses citoyens. Mais quand ces transmigrations en masse ne furent plus possibles , quand la république déjà puissante et étendant son action en dehors , ne put continuer à s'assimiler physiquement les peuples soumis , le sénat modifia sa politique, et c'est ici que le génie pratique , quoiqu'un peu subtil , de Rome apparut dans tout son jour. Décomposant habilement, et un à un , tous les droits civils et politiques dont jouissait un citoyen romain , le sénat en fit une sorte d'échelle à l'aide de laquelle , en restreignant de degré en degré la participation à quelques-uns de ces droits, en descendant du citoyen qui les avait tous jusqu'à l'étranger qui n'en avait aucun, il offrit à l'ambition des peuples voisins , cette échelle à parcourir , avare d'ailleurs de ses concessions, et ne les accordant jamais toutes à la fois.

Ainsi , dans l'ordre politique , on distinguait le droit de parvenir aux honneurs *jus honorum ,* le droit de suffrage *Latio suffragii ,* le droit de servir dans les armées romaines et d'y obtenir des emplois. Dans l'ordre civil, on distinguait égal*ment le *connubium* ou droit, pour les étrangers, de contracter, soit entr'eux soit avec les citoyens romains , un mariage légitime produisant des effets civils; le *commercium* emportant capacité de former, avec les citoyens, des contrats, des acquisitions suivant le droit civil , le droit de tester, la capacité de recevoir ou de disposer par testament, *factio testamenti.*

Puis on accorda, successivement et par des traités particuliers, tout ou partie de ces droits : la première concession était suivie d'une autre. Mais hors de Rome, aucun peuple n'obtint la jouissance pleine et entière des droits civils et politiques, ni même le titre de citoyen romain.

IV. Il faut descendre jusqu'à l'année 363 de la fondation (389 avant J.-C.), pour trouver le droit de cité accordé à une ville étrangère. Voici dans quelles circonstances : au moment où les Gaulois envahirent Rome, les *Cérites* donnèrent l'hospitalité aux dieux et aux prêtres exilés, et grâces à eux, on put conserver le feu sacré de Vesta. En échange de ce bienfait, ils reçurent le droit de cité romaine en vertu d'une loi provoquée par le dictateur M. Junius Camillus. 'Toutefois, la part qui leur fut faite n'était pas bien large, car ils conservèrent leurs lois, leurs magistratures locales, et ne reçurent de Rome aucun droit de suf-

---

¹ Primos autem municipes sine suffragii jure cœrites esse factos accepimus. A. gell. noct. att. XVI. — 13. Tit. Liv. V., 50. — Strabon. V. 221.

Roth. *de re municipali rom.*, fait observer avec raison que l'accession des Cérites à la cité romaine, n'est pas établie d'une manière très-certaine par les expressions de Tite Live, qui dit seulement *hospitium publice fecit.* Chez les anciens, dit-il, un traité de cette nature intervenait précisément avec les peuples qui, conservant leurs patrie et cité originaire, ne recevaient point communication des

frage ni d'éligibilité. Sans doute, quelques-unes des barrières du droit civil s'abaissèrent pour eux; mais ce fut tout, et de là l'expression populaire qui nommait *tables des cérites*, celles ou les censeurs inscrivaient les citoyens qui perdaient le droit de suffrage sans perdre le droit de cité.

V. Après les Cérites vinrent les peuples du Latium qui reçurent dans des limites plus ou moins restreintes, selon le temps, communication des droits civils. L'an 261 de Rome, par suite de la bataille et du traité du lac Régille, ils étaient encore considérés comme étrangers; plus tard ils reçurent quelque communication du droit civil; mais en 416, eut lieu la conquête du Latium, et comme la conduite, pendant la guerre, avait été différente, le régime, après la conquête, fut différent. On distingua les Latins *fundi*, les Latins *veteres*, les Latins *coloniarii*[1].

Les peuples *fundi* étaient les peuples libres qui

droits d'une cité étrangère. Il invoque le témoignage de Tite Live. — V. 28, Cic. *pro Balbo*; toutefois, le doute semble levé par quelques expressions très-explicites de Strabon, liv. V. Et malgré l'observation critique de Roth, l'opinion que les Cérites jouirent du droit de cité romaine, paraît généralement admise par les historiens. V. Niebbuhr. Rœm. Gesch. II. Am. Thierry, loc. cit., p. 55.

[1] Nous ne parlons pas ici des Latins *juniani*, parce que leur existence se rapporte à la loi sur les affranchissements, et s'applique, non aux peuples, mais aux esclaves affranchis assimilés par cette loi aux Latins.

Lex Junia norbana, an de R., 772; avant J.-C., 19.

adoptaient les lois et le gouvernement romain ; cette adoption se faisait par un traité solennel. Toutefois, cette qualité qui était un acheminement à l'acquisition totale du droit de cité, ne le faisait pas acquérir, *ipso jure ;* là comme ailleurs, ce droit était divisé et accordé par parties.

Les Latins *veteres* étaient ceux qui étaient demeurés fidèles lors du soulèvement de l'an 416. On prétend, sur la foi de deux textes de Denis [1] et de Tite Live, qu'ils avaient le droit, lorsqu'ils se trouvaient à Rome, de donner leur suffrage dans les comices ; mais comme ils n'étaient attachés à aucune tribu, on tirait au sort pour savoir dans laquelle ils voteraient. Ils jouissaient aussi d'une assez grande facilité pour acquérir le droit de cité romaine, ainsi qu'on peut le voir dans les auteurs de jurisprudence. Les villes latines étaient, selon toute apparence, exemptes de tributs, mais cotisées à une certaine somme qui était répartie d'après un tarif *ex formula ;* elles fournissaient des soldats équipés à leurs frais *socii latini , socii latini nominis ;* elles avaient des cérémonies religieuses communes avec les Romains, et leur cens particulier.

Telle était, dit M. Giraud [2], la condition géné-

---

[1] Denis d'Halycarnasse, liv. VIII, Tit. Liv., 11 — 55.

[2] Hist. du droit rom. , page 96.

rale du Latium ; on voit qu'elle se résume en une aptitude à acquérir l'isopolitie, ou en une participation plus ou moins étroite à ce bénéfice ; car le droit commun, la *loi Porcia*, qui défendait de battre de verges un citoyen romain, ne s'appliquait pas aux Latins. Ils n'avaient pas le *connubium*, et, par la capitulation des diverses villes latines, il ne leur était même pas permis de se marier hors de leur territoire. Ils n'avaient ni le droit de faire des testaments, ni celui d'hériter par testament d'un citoyen romain, ni même de recevoir un legs, à moins qu'ils n'eussent obtenu le droit de cité avant le temps requis pour la péremption de leur droit. Leur condition formait donc entre celle du citoyen romain et celle de l'étranger, un état mixte inférieur à la première, supérieur à la seconde.

Les Latins *coloniarii* doivent leur origine à une circonstance dont nous parlerons plus tard, et qui fit accorder aux colonies le privilége du droit de *latinité, jus Latii*.

VI. Entre la Méditerranée et l'Adriatique, l'Arno et le Rubicon, était l'Italie proprement dite. Les peuples de cette contrée furent soumis les uns après les autres, et chacun fit son traité particulier. En général, la situation de chacun de ces peuples fut plus avantageuse que celle des provinces, et c'est ce droit, créé pour l'Italie, qui donna naissance au *jus italicum*, dont M. de

Savigny [1] a le premier déterminé et fait connaître le caractère véritable ; ce droit, que l'on a cru faussement concerner l'état personnel des citoyens, s'appliquait au corps de la cité et avait trois objets :

1° Le domaine quiritaire des immeubles, et par conséquent la capacité de la *mancipation*, de l'*usucapion* et de la *vindication*, toutes choses qui n'avaient pas lieu dans les provinces non privilégiées, quoique les possesseurs y eussent une sorte de propriété ;

2° L'exemption de l'impôt direct *capitatio*. Les habitants des provinces, possesseurs d'immeubles, étaient soumis à un impôt foncier ; les non-possesseurs à un impôt personnel. Les uns formèrent une classe à part sous le nom de *possessores*, les autres s'appelaient *tabularii ;* ces deux expressions servaient à distinguer les débiteurs de l'impôt foncier des débiteurs de l'impôt personnel ;

3° Une organisation indépendante, c'est-à-dire des *duumvir*, des *quinquennales*, des *édiles*, et surtout une juridiction.

La condition des Italiens paraît avoir différé de la condition des Latins en ce que ceux-ci avaient plus de facilité à acquérir le droit parfait de cité

---

[1] Hist. du droit rom. au moyen-âge, t. 1, p. 63, de la traduction française.

et dans la participation à certains sacrifices auxquels les Italiens ne furent jamais admis [1].

Cette période qui commence à l'an 363 de la fondation de Rome, finit en l'année 664 de la guerre sociale.

VII. A cette époque, l'Italie arracha d'abord à la république la participation complète aux droits civils et politiques, et l'on fut citoyen romain dans toute l'Italie jusqu'au Rubicon : puis, ce droit fut étendu à la Gaule cisalpine [2], puis aux provinces éloignées, puis enfin à tout l'empire par Antonin Caracalla (965), et il n'y eut plus dans le monde que des romains et des barbares [3]. Cette révolution s'accomplit dans l'espace de trois siècles ; alors, tout devint égal dans la condition des cités, à l'exception de quelques priviléges locaux et de la distinction entre les cités jouissant du droit italique et celles qui n'avaient pas cet avantage. Cette distinction paraît s'être prolongée bien au-delà du règne de Caracalla, puisque Justinien en fait encore mention, *L.* 1, 6, 7, 8, *D. de censibus.*

[1] Giraud. Int. hist., p. 101.

[2] Ce droit de cité, précédemment accordé à la Gaule cisalpine, fut étendu à la Gaule Transalpine, l'an 705 de la fondation de Rome, 49 av. J.-C. ; c'est à peu près à cette époque que fut rendue la loi sur la Gaule cisalpine, *L. Gallicæ cisalpinæ*, dont les uns fixent la date à 705 — 49, d'autres à 714 — 45, d'autres enfin, à 713 — 41.

[3] In orbe romano qui sunt, ex constitutione imperatoris Antonini cives romani effecti sunt (C. L. 17 de statu homin.)

VIII. Ce que le droit était pour les personnes, il l'était pour les propriétés. Il y avait un sol romain et un sol étranger ; le premier régi par le droit civil, le second en dehors de ce droit. Et il y a même cela de remarquable que la distinction entre le sol romain et le sol étranger, subsista plus longtemps que la distinction entre les personnes, puisque celle-ci fut abolie l'an 211 av. J.-C., et que la première subsista jusqu'à Justinien (965 de la fondation), et, par conséquent, dura même plus long-temps que l'empire d'Occident.

IX. On peut déjà se faire une idée de l'immense variété qui existait parmi les droits des villes et des nations plus ou moins assujetties au joug de Rome ; ce n'est cependant pas tout encore : il y avait des peuples qui n'étaient pas encore soumis et qui avaient formé des alliances avec le peuple romain, *populi liberi* [1], *civitates fœderatæ.* Leur condition était réglée par le pacte même constitutif de l'alliance et des lois fort diverses ; mais semblable en cela que ces peuples alliés *socii fœderati* jouissaient du droit de *commercii* et de *connubii.* Il faut y joindre l'autonomie, c'est-à-dire, la conservation par ces peuples des lois, des

---

[1] Les *populi liberi* sont distingués des peuples alliés *fœderati.* Cic. in Verr., act. 11, pro Balb., c. 11. Quod commune est librorum populorum, non proprium fœderatorum. — Cette distinction subsista même sous l'empire : Intereà conferendis pecuniis pervastata Italia, provinciæ eversæ sociique populi et quæ civitatum liberæ vocantur. Tacit., Ann. XV, c. 45.

magistratures particulières et du gouvernement local. [1] C'est un caractère propre à la politique romaine que cette facilité à respecter les mœurs, la religion et les coutumes des pays conquis; pourvu qu'elle fût la maîtresse, qu'on ne refusât ni l'obéissance ni les tributs, Rome entrait peu dans ces détails tracassiers qui sont une des plus grandes vexations de nos conquêtes modernes.

X. D'un autre côté, après avoir appelé dans son sein les peuples étrangers, Rome avait à son tour envoyé au dehors, l'*exubérance* de sa population.

De temps à autre, une loi était rendue, des magistrats nommés, un territoire assigné, et des citoyens, que poussait le besoin ou l'amour du

---

[1] Les cités alliées étaient celles qui avait conservé la plus grande somme de leur ancienne indépendance. Incorporées nominalement à l'empire romain, elles ne ressentaient les conséquences de cette situation que par l'obligation de payer les subsides auxquels elles s'étaient engagées, et souvent aussi, ceux que la loi du plus fort exigeait occasionnellement, ainsi que de fournir des contingents de troupes conduites par leurs officiers, sous le commandement des généraux romains. Du reste, elles étaient régies par leurs lois propres, par les magistrats institués par elles d'après les formes de leur constitution. Les impôts qu'on payait dans leur territoire étaient leur propriété. L'indépendance de ces cités était tellement reconnue, que les exilés romains pouvaient y acquérir les droits de citoyens. Tacit., Ann., l. IV, c. 43. La juridiction civile et criminelle, dans sa plus grande étendue, y était exercée par les magistrats de la cité, sans appel devant aucune autorité romaine. Les municipes étaient des cités qui avaient perdu leur indépendance, sans toutefois que leurs habitants cessassent d'être considérés comme étrangers à l'égard des Romains. On avait déguisé la sujétion en l'appelant adoption.

changement, se rendaient dans ce territoire pour y fonder, à l'image de Rome, une ville, une colonie. Les colonies des temps postérieurs eurent une autre origine : il y en eut un grand nombre formées et peuplées par les vétérans des légions. On cite pour la France, Arles, formée des soldats de la sixième légion, *colonia arelati sextanorum* ; Béziers, peuplée par les soldats de la septième légion, *colonia Bleterræ septumanorum*. Fréjus, colonie des soldats de la huitième légion, *forum Julii octavanorum colonia*. Orange fut un partage des soldats de la deuxième légion, *colonia Arausio secundanorum*. On trouve mentionnée une colonie à Langres, sur une inscription que nous

Elles ressemblaient beaucoup, par leur administration intérieure, aux colonies dont je vais parler, à tel point qu'il n'était pas facile d'indiquer les caractères de différence. Comme les colonies, elles avaient leurs curies, leurs magistrats municipaux ; mais à moins qu'elles n'eussent volontairement adopté les lois romaines, l'usage de leur ancien droit leur avait été laissé ; le magistrat romain qui les gouvernait, était obligé de s'y conformer dans l'exercice de son autorité. Les impôts, tels qu'il plaisait aux empereurs de les établir, y étaient perçus au profit du fisc impérial.

Les colonies étaient organisées sur le modèle de Rome, qui en avait fourni la population principale, sauf les modifications qu'avaient pu apporter à ce régime l'acte de leur établissement ou des lois postérieures. Elles ne différaient guère des municipes qu'en ce qu'elles étaient régies par les lois émanées romaines. Les villes tributaires n'avaient de droit à aucune des prérogatives que je viens d'indiquer. Au regard des Romains, leurs habitants étaient restés étrangers, tout en était soumis aux lois romaines et à la juridiction absolue des magistrats romains.

Pardessus, loi salique, p. 512. Dissertation six. de l'état des Romains.

avons rapportée dans notre Histoire de Langres *coloniæ Lingonum*, elle devait avoir la même origine ; car toutes ces villes existaient avant l'époque où ces colonies furent fondées, et l'introduction des soldats avait pour but ou de repeupler un territoire devenu désert, ou d'accomplir la promesse d'un général vainqueur à la suite des guerres civiles [1].

Ces colonies remplissaient un double but : elles formaient au milieu des peuples conquis ou alliés, des postes avancés qui maintenaient par la force, entraînaient par l'exemple les populations environnantes [2] ; elles purgeaient les villes de citoyens inquiétants par leur turbulence et leur pauvreté. Toutefois, et l'an 545 de la fondation, elles n'étaient encore qu'au nombre de 30 [3].

Nous avons cru devoir rapporter ce résumé de l'état des villes de l'empire, donné par le savant auteur, quoiqu'il diffère un peu de ce que nous avons exposé, et notamment en ce point que M. Pardessus admet qu'il y avait des villes *municipales* dont les citoyens étaient *étrangers*, et où le droit en vigueur était le droit ancien national ; nous croyons que c'est une erreur et que tout municipe était nécessairement une ville dont les habitants jouissaient du droit de cité romaine ; la suite de cette ouvrage l'établira.

[1] V. M. Raynouard, t. 1, p. 4. — Précis de l'Hist. de Langres, p. 42.

[2] Est in eâdem provinciâ Narbo Marcius, colonia nostrorum civium, specula populi Romani ac propugnaculum istis ipsis nationibus oppositum et objectum. Cic. pro Fonteio, 5.

[3] Triginta tum coloniæ populi romani erant. Tit. Liv., lib. 27, c. 9.

Ces fondations se faisaient d'ailleurs avec le concours de la religion. Après les cérémonies sacrées, on partageait tout ce qui devait être domaine privé en centuries : chaque centurie se divisait en *jugera*[1], chaque colon recevait la mesure à lui assignée, et on dressait de cette opération un rôle, un cadastre. Ces champs propres aux particuliers avaient des limites invariables[2]; à la colonie appartenaient les bois, les pâturages, les landes destinées à la nourriture des bestiaux, les communaux non limités[3].

XI. Voici quelques faits relatifs aux colonies : La colonie de *Thurium* fut fondée l'an 561 de Rome. Les *Triumvirs* chargés de conduire les colons furent *C. N. Manlius Vulso, L. Apuleius Fullo, Q. Œlius Tubero;* les colons étaient au nombre de trois mille hommes de pied et de trois cents cavaliers.

Il aurait été facile d'accorder à chaque fantas-

---

[1] Le *jugerum* équivalait à 0,538 d'arpent de Paris, ou en nombre rond 18 ares; c'était la mesure de terre qu'un attelage de bœufs pouvait labourer dans un jour.

[2] L'alluvion ne leur appartenait pas.

L. 16, D. de acq.

L. 1, D. §. 6, de fluminibus; D. 43., 12.

[3] Est et pascuorum proprietas pertinens ad fundos seu in commune; propter quod ea compascua multis locis in Italiâ communia appellantur; quibusdam in provinciis proindiviis. Front., de controversiis agrorum, p. 54, ed. Rigaltii, 1614; — Festus v° compascua vicinalia; — Siculus Flaccus, de conditionibus agrorum; — Hyginus, de limitibus.

sin trente jugera et soixante à chaque cavalier ; toutefois, on réduisit la part des premiers à vingt, et celle des seconds à quarante, afin de laisser des terres libres pour de nouveaux colons.

L'an 654, un sénatusconsulte ordonna la fondation d'une colonie à Bologne, sur les terres confisquées sur les Boïens vaincus par P. Cornélius. Trois mille hommes composèrent cette colonie, et chaque cavalier reçut soixante-dix journaux de terre ; les autres colons, cinquante seulement [1].

A l'époque de la bataille de Cannes, les colonies romaines étaient au nombre de trente. Carthage fut la première colonie fondée hors l'Italie. Elle dut son origine à J. César, qui établit un grand nombre de colonies, et il paraît certain qu'il projetait d'en augmenter le nombre [2] lorsqu'il fut assassiné.

Une fois établies, les colonies l'étaient à tout jamais, et conduire une seconde colonie sur le territoire de la première était une profanation [3].

Les habitans des colonies, quoique jouissant des titres de citoyens romains, ne l'étaient réellement pas, et, par rapport à Rome, ils perdaient toute participation aux droits de suffrage [4].

XII. Il était une autre classe de personnes soumises à Rome ; c'étaient les rois amis dont la

[1] Raynouard, Hist. du Droit municipal.

[2] Mém. Acad. inscr. et bell. lett., t. x, p. 465.

[3] V. Cic., Philipp. II. — 40.

[4] Roth., not. 5, établit que le citoyen romain qui partait pour

position politique rappelle très-bien le vasselage de la féodalité.

Venaient enfin les *provinces*, pays conquis sujets de par le droit de la guerre. Quand une province était conquise, son territoire était réuni au domaine de l'état. Avec le sol, les habitants perdaient leurs lois, leur franchise, leurs magistrats, et il nous reste de cet abandon d'un peuple à la discrétion d'un conquérant, un exemple et une formule qui n'est autre que la *stipulation*. Les Sabins ayant été vaincus, perdirent Collatia et tout son territoire qui furent soumis à la domination de Rome. Voici, dit Tite Live, la formule dont on usa pour consacrer cet assujétissement. Le roi Tarquin et les habitants sont en présence. Le roi interroge et dit : Estisne vos legati oratoresque missi à populo collatino, ut vos populumque collatinum dederitis ? — Sumus. Estne populus collatinus in suâ potestate ? — Est. Deditisvos, populumque collatinum, urbem, agros,

une colonie, perdait le droit de cité. En effet, dans Tite-Live (27-9), on voit le consul rappeler aux colonies rebelles, pour les exciter au service de la république, que leurs habitans ne sont ni Campaniens, ni Tarentins, mais citoyens romains et qu'ils en portent le nom. Et plus tard, le sénat accorde pour récompense, aux dix-huit colonies restées fidèles, le droit de latinité, *jus latii*; donc ils ne jouissaient pas du droit de cité romaine. Ce fut là l'origine des *latini colonarii*, ou colonies jouissant du droit de latinité. Ce droit, accordé à des colonies, subsista dans la législation municipale long-temps après qu'il n'y eut plus de Latins en Italie. Ils n'étaient guère mieux traités que les peuples alliés, par rapport à Rome. Enfin Cicéron, discutant, dans ses discours pour Cæcina, la question de savoir si l'on peut enlever

aquam, terminos, delubra, utensilia, humana, divinaque omnia, in meam populique romani ditionem? — Dedimus. — At ego recipio.

Cette soumission solennelle produisait des effets remarquables, et pour les vaincus une position dont l'état des esclaves *dedititii* fait connaître le malheur et l'humiliation.

Une partie du sol était vendue, une autre laissée à la jouissance des anciens possesseurs, ou affermée publiquement par les censeurs moyennant un impôt également affermé. L'état était donc le seul propriétaire du sol des provinces. In eo solo [2] dominium *populi* est vel *cæsaris,* nos autem possessionem tantum et usufructum habere videmur.

Enfin, la province était soumise à l'impôt : in provinciis omnes, etiam privati agri tributa atque vectigalia persolvunt [3].

Cette rigueur dans la conséquence de la conquête, qui semble au premier coup-d'œil ame-

---

à un citoyen le droit de cité, et soutenant la négative, se pose cette objection qui suppose précisément que le citoyen qui se retire dans une colonie, renonce à sa qualité :

Certè quoeri hoc non solere me non præterit quemadmodum, si civitas admitti non possit in colonias latinas, sæpè nostri cives profecti sint. Aut suâ voluntate, aut legis multâ profecti sunt : quam multam si suffere voluissent, tum manere in civitate potuissent. Cic. pro Cæcinâ, 33.

[1] Tite Live, liv. 1. — 38.

[2] Gaius. — 2. §. — 7.

[3] Aggenus urbicus, Goesius, p. 47.

ner la suppression de toute institution , de toute propriété antérieure , reçut par fois des adoucisments. Des priviléges , des immunités furent accordés aux peuples , aux provinces conquises ; quelques-unes furent admises à la participation entière du droit de cité.

Il y avait dans les provinces, dit M. de Savigny,[1] certaines cités qui, par une faveur spéciale, partageaient le *jus italicum*, c'est-à-dire, le droit qui selon la règle ne devait appartenir qu'à l'Italie.

XIII. Ainsi, dans les six siècles écoulés depuis sa fondation jusqu'à la fin de la guerre sociale, le peuple romain, qui avait déjà étendu son empire au-delà de l'Italie, avait imprimé le cachet de la conquête sur les nations vaincues, mais d'une manière différente : entre le Tibre et le Rubicon, l'Italie proprement dite, après avoir subi une multitude de transformations, était tout-à-fait romaine et participait à tous les droits politiques de Rome elle-même. Au-delà et dans les provinces, existaient 1° des colonies, images de Rome, peuplées de citoyens romains et latins, mais privées de participation aux droits politiques ; 2° des cités privilégiées jouissant du même droit que les cités italiennes, *municipia ;* [2] 3° des cités alliées, *civi-*

---

[1] Histoire du Droit romain au moyen-âge, T. 1 , p. 63, trad. de M. Guenoux.

[2] Nous ne faisons pas une classe à part des *préfectures* , suivant en cela l'avis de M. de Savigny, *Hist. du Droit rom. au moyen-âge.* qui soutient qu'une préfecture ressemblait en tout point à un muni-

tates fœderatœ ; 4° enfin , les villes de la province soumises à toutes les conséquences de la conquête. Quoique la campagne n'existât pas telle que nous la voyons et la concevons de nos·jours , il existait néanmoins , soit à côté des villes , soit dans les terrains fertiles et cultivés , certaines agglomérations d'habitations , certaines cultures voisines , qui ne jouissaient d'aucune existence municipale , mais constituaient des communautés imparfaites connues sous les noms de *fora , conciliabula , castella.* Les villages , *vici ,* faisaient partie de la cité dans le territoire de laquelle ils se trouvaient. [1]

Toutefois , M. Giraut , dans une note lue à l'accadémie des sciences morales , pense que l'organisation municipale s'étendit jusqu'aux villages, aux hameaux et aux simples habitations agglomérées. Nous craignons qu'il n'ait beaucoup géné-

cipe. La seule exception était donc la présence d'un préfet, *prœfectus,* nommé à Rome et renouvelé tous les ans , et rendant la justice à la place des duumvirs. Quelques auteurs veulent au contraire voir dans les préfectures des villes d'une· organisation inférieure , privées de leurs magistrats municipaux , soit à la suite d'une révolte comme Capoue , *Tite-Live , lib.* 26. — 16 , soit par toute autre cause. Mais M. de Savigny établit très-bien par plusieurs exemples , et notamment par l'exemple de Cicéron , originaire d'Arpinum qui était une préfecture , que la condition des habitants de ces villes n'était point inférieure à la condition des autres municipes , et qu'ainsi la même ville peut être appelée préfecture ou municipe , sans contradiction ni impropriété de langage.

[1] Qui ex vico ortus est , eam patriam intelligitur habere cui reipublicæ vicus ille respondet. L. 30 , D. ad municip.

ralisé quelques faits locaux et partiels. Néanmoins, nous reproduisons le tableau qu'il trace avec complaisance de cette *diffusion* du régime municipal.

» Dans la suite, il y eut des *pagi* ou *vici*, qui furent dotés d'une certaine indépendance municipale. Ils avaient un juge local ainsi qu'une assemblée propre, et le droit de marché, l'une des attributions les plus précieuses des communes libres. Ils avaient obtenu la faveur d'être assimilés à la colonie ou municipe, et ils formaient une commune imparfaite ou d'un ordre inférieur. Le nom honorable de *civitas* ne leur est jamais donné, car ils conservaient toujours avec la civitas un lien quelconque. Mais, de même que le sénat, ou ordo de la curie, rendait des décrets, on appela *scitum* les actes de l'autorité supérieure des pagi, et leurs magistrats [1] s'appelaient *magistri pagorum, magistri vicorum*. Des pagi privilégiés avaient aussi des édiles, des primates et un *genius pagi,* et des patres. Enfin, à une époque plus récente, nous trouvons des décurions dans les plus petites villes, et un simple castrum jouit d'une constitution municipale. »

A côté des provinces conquises se plaçaient les peuples libres, les rois amis, sujets par rapport à Rome, souverains encore chez eux, c'étaient

---

[1] Évidemment, le mot magistrat est une expression impropre. Jamais le mot magistrat n'a été appliqué en droit romain à un fonctionnaire de ce genre.

comme les victimes marquées de cet esprit de conquête qui ne connaissait d'autres limites que celles du monde connu.

Cette esquisse rapide nous a paru nécessaire pour faire comprendre ce que nous avions à dire sur l'organisation municipale des Romains, et il nous reste à donner encore quelques détails pour la compléter.

XIV. Toutes les fois qu'il s'agissait de donner à un peuple, à une ville, le droit de cité romaine partiel ou entier, cette mesure était l'objet d'une loi, c'est-à-dire, d'une résolution émanée du peuple entier. Il en était de même dans le cas où il s'agissait d'en priver quelque ville jugée indigne de le conserver. Ces lois, monument de la faveur ou de la rigueur du peuple romain, étaient gravées sur des tables et exposées dans un lieu public [1];

---

[1] Lex est quod populus jubet atque constituit. Gaius, c. et 2.

Itaque ex auctoritate patrum latum ad populum est, ut Privernatibus civitas daretur. Tite Live, lib. VIII, c. 21.

Campanis deindè senatus datus est, quorum oratio mirabilior... eos libertatem sibi suisque.... orare *cives romanos* affinitatibus ex connubio vetusto junctos.... Campanos omnes, attellanos, Calatinos, Sabatinos, extra quam qui eorum, aut ipsi, aut parentes eorum, apud hostes essent, liberos esse, jusserunt, ità ut nemo eorum civis romanus aut latini nominis esset. Tit. Liv., lib. XXVI, c. 33 — 34.

Cicéron, dans son plaidoyer pour Cécina, nie pourtant, et malgré des exemples contraires dont il discute quelques-uns, que le droit de cité puisse être enlevé légitimement, soit à un peuple, soit à un citoyen.

Quum arretinæ mulieres libertatem defenderem et Cotta decem-

on conçoit d'ailleurs que la cité romaine ne s'accordait jamais qu'à ceux qui la sollicitaient, et que nul n'en était investi malgré lui ; il est même des exemples de refus positifs de la part des peuples qui auraient pu l'obtenir [1].

XV. C'est qu'en effet, cette faveur et les avantages qu'elle procurait, n'étaient pas sans compensation, quoique quelques écrivains aient prétendu le contraire ; il est bien certain que la ville ainsi associée au droit de Rome adopté par elle, quittait son ancien mode de gouvernement, ses assemblées, son indépendance politique, et surtout ses lois particulières, pour adopter la forme d'administration et les lois de sa mère adoptive [2].

viris religionem injecisset, non posse sacramentum nostrum justum judicari, quod Arretinis ademta civitas esse, et ego vehementer contendissem, civitatem adimi non potuisse : decemviri primâ actione non judicaverunt; posteà re quæsitâ et deliberatâ sacramentum nostrum justum judicaverunt. Cic. pro Cecinâ, 33. — Monumentoque ut esset æneam tabulam in æde Castoris Romæ fixerunt. Tit. Liv., lib. VIII. — 11.

[1] Hernicorum tribus populis, Alatrinati, Verulano, Ferentinati, *quia maluerunt* quam civitatem, suæ leges redditæ : connubiumque inter ipsos, quod aliquamdiù soli Hernicorum habuerunt promissum. Anagninis, quique arma tulerant civitas sine suffragii latione data, consilia connubiaque adempta et magistratibus, præterquam sacrorum curatione interdictum. Tit. Liv., l. IX, c. 43.

Ce texte est très-remarquable comme preuve de ce que nous avons dit sur la manière dont Rome savait diviser et attribuer partiellement les droits compris dans celui de cité romaine.

[2] Cette opinion soutenue par M. Roth, *De re municipali Romanorum, not.* 31, est adoptée par M. Amédée Thierry, *Histoire de la Domination romaine,* p. 39, note. — M. Roth, dit-il, a sur ce

Il est toutefois impossible que le passé d'un peuple d'une ville s'efface tout-à-coup et s'efface complètement ; de là, les traces de ce passé remarquées par certains auteurs, et qui ont causé l'erreur dans laquelle ils sont tombés. Ainsi, les dieux, le culte, la religion des cités leur était conservés, non seulement par la tolérance, mais encore par l'ordre exprès des pontifes [1] ; aussi, retrouve-t-on parmi elles des prêtres, des flamines [2]. Le sénat, les magistrats restèrent, mais avec des fonctions différentes, car les pouvoirs politiques, ou, comme nous dirions aujourd'hui, les droits de souveraineté disparaissaient, leur action dut se borner au gouvernement, à l'administration particulière de la cité.

Rome, de son côté, accordait à ses nouveaux citoyens, pour tout ce qui leur était concédé, les

point complètement raison contre Beaufort ; tous les municipes adoptaient la condition des peuples *fundi.*

[1] Martiales quidam Larini appellabantur ministri publicè Martis, atque ei deo veteribus institutis religionibusque Larinatium consecrati : quorum quum scitis magnus numerus esset, quumque item ut in Siciliâ permulti venerei sunt, sic illi Larini in Martis familiâ numerantur ; repentè Oppiniacus eos omnes liberos esse civesque romanos cœpit defendere. Festus V, Municipalia sacra. — Cic. pro Cluentio, 15. — Lanuvinis civitas data sacraque sua reddita cum eo, ut ædes lucusque sospitæ Junonis communis lanuvinis municipibus cum populo romano esset. Tit. Liv., lib. VIII. — 14.

[2] Milo Lanuvium ex quo erat municipio, et ibi tum dictator, profectus est ad flaminem prodendum. Cic. pro Milone.

V. liv. 21, Cod. Th., De decur., et les notes de Godefroy, sur la différence entre les deux expressions *flamines* et *sacerdotes.*

mêmes avantages, les mêmes prérogatives qu'aux citoyens d'origine, et quand le droit de cité emporta avec lui la participation à tous les droits civils et politiques, il n'y eut plus entre l'italien et le romain aucune différence ; seulement, l'italien appartenant par l'origine à sa ville natale, à Rome par l'adoption politique, avait deux patries [1]. Cet état du municipe à Rome est clairement expliqué par Cicéron dans plusieurs endroits de ses ouvrages, et notamment dans le discours *pro Sylla*, où il s'élève contre son adversaire qui le qualifiait d'étranger.

» Je le demande, Torquatus, pourquoi tu
» prétends que je suis étranger [2] ? c'est, dis-tu,

[1] Roma communis omnium nostrûm patria. Cic. de lege agrar., II, 52. Roma communis nostra patria est. L. 33. D. ad municipalem.

Ego, me herculè, et illi et omnibus municipibus duas esse patrias unam naturæ, alteram civitatis, ut ille Cato cùm esset Tusculo natus in populi romani civitatem susceptus est. Itaque cum ortu Tusculanus esset, civitate romanus habuit alteram loci patriam, alteram juris : ut vestri Attici priusquam Theseus eosdem migrare ex agris et in æstu quod appellatur omnes se conferri jussit et Sunii erant iidem et Attici, sic nos eam patriam dicimus ubi nati et illam quâ excepti sumus. Itaque ego hanc meam esse patriam prorsus nunquam negabo dùm illa sit major et hæ in ea contineatur. Cic. de lege II. - 1.

Omnibus municipibus duas esse censeo patrias... alteram loci, alteram juris. *Ib.* 2.

[2] Illud quæro peregrinum cur me esse diceris ? — Hoc dico, inquit, te esse municipio. — Fateor et addo etiam ex municipio undè salus iterùm jam huic urbi imperioque missa est. Sed scire ex te pervellim quamobrem qui ex municipiis veniant peregrini tibi esse videantur. Nemo enim istud M. Catoni, N. T. Corumcanio, nemo Curio, nemo huic ipsi nostro Mario objecit. Equidem vehementer

» parce que je suis né dans un municipe ; je l'a-
» voue, et j'ajoute, même dans un municipe d'où
» est sorti deux fois le salut de cette ville et de
» cet empire ; mais je voudrais que tu m'apprisses
» comment les citoyens d'un municipe sont des
» étrangers à tes yeux.. Personne n'a fait un tel
» reproche à Caton l'ancien qui avait tant d'en-
» nemis, personne à R. Coruncanius, personne
» à Curius, personne à mon compatriote Marius,
» contre qui s'élevaient tant de haines. Et certes,
» je me réjouis d'être tel, que malgré le désir de
» m'outrager, tu n'aies pu y réussir qu'en faisant
» rejaillir l'outrage sur la grande partie des ci-
» toyens romains. » Il paraîtrait cependant, que
l'opinion attachait une sorte d'infériorité à l'origine municipale, par rapport à l'origine vraiment
romaine; Cicéron essuya plusieurs fois ce reproche
et le préjugé ne paraît pas avoir cessé sous l'empire, au moins dans les premiers temps.

Il n'était donc aucun des droits appartenant
aux habitants de Rome, que ne pût revendiquer
le citoyen du municipe le plus éloigné, et comme
nous venons de le voir, comme l'histoire en four-
nit d'autres exemples, la république y recrutait
ses généraux, ses consuls et ses orateurs; Marius,
Cicéron, Caton l'ancien, sont de beaux présents
des villes municipales, et qui justifient bien le

lætor eum esse me, in quem tu, cùm cuperes, nullam contumeliam
jacere potueris quæ non ad maximam partem civium conveniret.
Cic., Or. pro Sullâ, C. - 7.

droit de cité qui leur ouvrait le chemin des honneurs. Seulement, et ainsi le voulait la dignité de
Rome et les mœurs du temps, le droit de suffrage ne pouvait être donné qu'à Rome, et dans
les seuls comices de cette capitale du monde
s'exerçaient les droits politiques du citoyen romain. [1] C'était à Rome qu'il était compris dans
le recensement du peuple romain, quoiqu'il y
eût aussi dans chaque municipe un cens particulier [2]. Cette nécessité de venir à Rome, ce concours de tous les citoyens resserrait les liens
moraux par lesquels ils étaient unis à la capitale
et donnaient une sorte de réalité à la fiction qui
faisait un citoyen romain d'un habitant d'Arpinum ou de Capoue. Malheureusement cette foule
contribua à vicier les élections. Les ambitieux,
dit Montesquieu, firent venir à Rome, des villes,
des nations entières, pour troubler les suffrages ou
se les faire donner; les assemblées furent de véritables conspirations [3]. Nous ajouterons que le droit
de suffrage accordé à l'Italie, date de l'an 665 de la
fondation, et la dictature de Jules César de l'an 709;

[1] Non committam ut tum res judicetur cum hæc frequentia totius Italiæ Roma discesserit, quæ convenit uno tempore undique comitiorum, ludorum, censendi que causa. Cic. in Verr., act. 1. — 18.

[2] Hic tu tabulas desideras heracliensium publicas, quas Italico
bello incenso tabulario interriisse scimus omnes. Cic., or. pro Archiâ
poetâ. — Illum tabulas publicas Larini censorias corrupisse, decuriones universi judicarunt. Cic. pro Cluentio, c. 14.

[3] Magna manus ex Piceno et Galliâ expectatur, ut etiam è Catonis
rogationibus de Lentulo et Milone resistamus.

44 ans ont suffi pour détruire la constitution.

XVI. Comme une sorte de compensation à l'asservissement politique, les villes municipales jouissaient d'une grande indépendance dans leur administration particulière. Les biens de chaque cité élevée au rang de municipe lui étaient conservés et ne se confondirent jamais avec le patrimoine et les revenus du peuple romain [1]. Les magistrats et décurions administraient ce patrimoine avec une grande latitude, et pour ce qui est de l'administration intérieure, chaque municipe présentait l'aspect d'une république [2]. Ainsi, on lit dans une lettre de Cicéron, qu'il demande aux *quatuor vir de fragellanum*, l'immunité des charges pour un héritage que C. Vulgus a acheté d'eux ; accorder cette immunité était donc en leur pouvoir [3].

XVII. Dans ces municipes, comme à Rome,

[1] Ego tusculanis pro aqua Crabra vectigal pendam quia à municipio fundum accepi; si à Sulla mihi datus esset Tulli lege non penderem. Cic. de lege agr. III. – 2. — Non dubito quin scias, non solum cujus municipii sim, sed etiam quam diligenter soleam municipes meos Arpinates tueri quorum quidem omnia commoda omnesque facultates quibus et sarta, tecta ædium sacrarum locorumque communium tueri possint, consistunt in vectigalibus quæ habent in provinciâ Galliâ. Ad ea visenda pecuniasque quæ à colonis debentur, exigendas totamque rem cognoscendam et administrandam legatos equites romanos misimus. Id. Epis. ad Div. XIII. - 12.

[2] Si Reipublicæ municipii tuo studio bene administranda erit. Cic. ep. ad Div. XIII. – 12. — Cui cum res esset ad se delata, Scaurus consul, utinam, inquit, M. Cicero, isto animo atque virtute in summâ republicâ nobiscum vertari quam in illâ municipali maluisses.

[3] Ut quam possessionem habet in agro fragellano. E. Valgius à

le pouvoir souverain résidait bien certainement
dans l'assemblée du peuple; non - seulement il
nommait ses magistrats, mais encore il rendait
des lois et des décrets. L'influence du peuple diminua par la suite et le sénat usurpa ses droits ;
on trouve alors dans chaque cité: 1° une assemblée, un sénat appelé à l'administration intérieure
de la cité ; 2° des magistrats chargés de l'administration directe, dont le nombre et les titres va-
riaient suivant les localités. La magistrature suprême des cités d'Italie, dit M. de Savigny [3], peut
se comparer au consulat romain avant la création de la prêture. Elle embrassait l'intendance
suprême de toutes les parties du gouvernement,
la présidence du sénat et l'administration de la
justice ; ceux qui en étaient investis se nommaient
dumviri ou *quatuorviri*, selon qu'ils étaient au
nombre de deux ou de quatre. Les dumvirs se
trouvent dans la plupart des villes. Une foule
d'inscriptions portent *Dumvir J. D.* (juri dicundo), *Quatuorvir J. D.*, donnant ainsi pour caractère spécial de cette magistrature, l'administration de la justice ; mais ces noms uniquement
tirés du nombre des personnes, loin d'être réser-
vés à la magistrature suprême, lui sont communs
avec plusieurs autres; en effet, le nom de magistrat,

vobis emtam eam liberam et immunem habere possit. C. , ep. ad
Div. XIII. – 76.

[3] Page 67.

le plus général de tous, reçut par la suite une signifi-
cation toute spéciale et s'appliqua aux premiers
magistrats des villes; *Duumviri* ou *Quatuorviri*[1].

Ici, il faut remarquer que le libre régime qui
est le caractère fondamental de l'Italie, donnait
aux gouvernements de ces cités un caractère tout
différent de nos municipalités actuelles; ainsi, pour
bien comprendre ces attributions, il faut les décom-
poser, et on reconnaîtra dans ce pouvoir municipal:

1° La juridiction ou pouvoir de répondre sur
le droit *Jus dicere*, lorsque les parties sont en
contestation (juridiction contentieuse).

2° La juridiction ou pouvoir de faire certains
actes que réclame l'intervention du magistrat;
mais qui ne supposent pas un débat (juridiction
volontaire).

3° L'administration des affaires de la cité, la
surveillance de ses intérêts.

Les duumvirs, les magistrats de chaque cité,
avaient très-certainement une juridiction qui embrassait ces trois points; mais les détails manquent
sur cette matière, et l'on est réduit aux conjec-
tures des savants: suivant les uns, cette juridiction était presque nulle en ce qui concerne l'admi-

---

[1] Dans les Pandectes et dans les Constitutions, Duumviri et
Magistratus, sont pris indifféremment l'un pour l'autre: les magistrats suprêmes sont quelquefois appelés consuls; dans les inscriptions, soit par vanité, soit par un reste d'indépendance, de même
que dans plusieurs cités, les titres de dictateur et de préteur se conservent jusque sous l'empire.

nistration de la justice; suivant d'autres, elle était beaucoup plus étendue. On peut voir dans M. de Savigny, les preuves de ce dernier système qu'il n'entre pas dans notre sujet d'approfondir [1].

4° Une autre magistrature municipale, *censor, curator, quinquennalis*, dont la charge répondait aux fonctions de censeur à Rome, peut-être en y ajoutant quelque fonction du préteur [1].

5° Au-dessous, et à côté de ces magistrats subalternes, des citoyens chargés de diverses missions que nous retrouverons par la suite et dont nous parlerons en leur lieu.

[1] M. de Savigny, pour refuser la juridiction civile aux magistrats des municipes qui ne jouissaient pas du *jus italicum*, et, par conséquent, à la majeure partie des villes gauloises, se fonde sur deux constitutions, l'une de 409 où l'on voit que les *principales* des Gaules avaient, outre la présidence viagère de la cité, certaines attributions administratives dans les affaires municipales; l'autre est celle d'Honorine, et concerne l'assemblée d'Arles. On ne trouve point les *magistrats* des cités convoquées parmi les personnes appelées. Enfin, il attribue à quelque exception résultant de la jouissance du *jus italicum*, les quelques *magistrats gaulois* dont les monuments révèlent l'existence à la tête des cités de cette province.

Cette opinion a trouvé un contradicteur dans M. Giraut, *Mémoire lu à l'Académie des Sciences morales, le 25 janvier 1845, Moniteur des 15 et 20 août 1845*. Ce jurisconsulte, sans apporter des preuves bien certaines à l'appui de son opinion, combat quelques-unes des objections de M. de Savigny d'une manière au moins spécieuse; mais il ne résulte ni de l'une ni de l'autre discussion un motif de conviction, et en l'absence d'un texte positif révélant l'existence de magistrats ayant juridiction dans un municipe gaulois privé du *jus italicum*, il est permis de douter.

[1] V. Savigny, et les preuves à l'appui de ses assertions contredites par d'autres auteurs.

CHAPITRE DEUXIÈME.

I. Influence de la révolution impériale et de toute commotion profonde sur le droit municipal. — II. Suppression du vote individuel des municipes à Rome ; les seuls décurions votent par écrit ; suppression des comices à Rome ; — droit de cité accordé à tous les citoyens de l'empire. — III. Extension du sens attaché au mot municipe ; — il désigne toutes les villes indistinctement. — IV. Intervention efficace de la législation et de l'administration impériale dans le gouvernement des cités ; — priviléges particuliers accordés par les empereurs. — V. Les Antonins ; — les cités acquièrent le droit de recueillir des fidéicommis, — des legs, — des hérédités directes. — VI. État prospère des cités de l'empire jusqu'à Constantin. — VII. Constantin. — Diversité d'opinions à son égard, reproches qu'on lui adresse en ce qui concerne l'administration des villes. — VIII. Il s'efforce néanmoins d'améliorer leur situation par quelques réglements ; — elles acquièrent la succession des décurions morts sans enfants et intestats ; — dispositions particulières en ce qui concerne le recouvrement de leurs créances. — IX. Constance continue la politique de son père ; — misérable état de quelques villes. — X. Julien tente la restauration des anciennes idées, il s'occupe beaucoup de l'état des villes et de leur administration ; mesures diverses ordonnées par lui. — XI. La situation s'empire après Julien ; — les réglements de ses successeurs se multiplient et ne servent qu'à augmenter le malheur des cités ; — efforts multipliés pour empêcher les décurions de fuir la curie ; — tentatives désespérées des citoyens pour y échapper. — XII. Arcadius renouvelle un grand nombre de réglements anciens; — le premier, il ordonne qu'à défaut de patrimoine, les citoyens contribuent, suivant leur fortune, aux dépenses municipales. — XIII. Honorius. — Même esprit dans la législation ; — réflexion qu'elle suggère. — XIV. Les défenseurs des cités sont élus par tout le peuple et non par la curie seule. XV. Théodose le jeune.

Majorien, le dernier empereur dont il reste des lois municipales pour l'occident; — chûte de l'empire. — XVI. En Orient, les lois se succèdent avec rapidité; — les décurions sont déchargés de l'obligation de lever les impôts; — réformes de Justinien. — XVII. Intervention des Évêques dans l'administration des villes : — leurs attributions; — caractère nouveau que reçoit le régime municipal. — XVIII. Abolition du régime municipal par l'empereur Léon le philosophe; — réflexions à ce sujet.

I. T_{EL} était sous la république l'état des peuples conquis et le régime des villes municipales ; mais la chûte de la république dut amener de profondes modifications dans ce régime. C'est en effet une remarque à faire que toute révolution influe nécessairement sur le régime municipal. Comment, en effet, l'état politique d'un pays pourrait-il varier sans que la commune, l'élément de cet état politique, variât elle-même ?

II. D'abord Auguste supprima ces comices immenses où la foule des citoyens romains accourait de toutes les parties de l'empire. Les municipes furent autorisés à envoyer à Rome leurs suffrages écrits, et cette faculté fut restreinte aux seuls décurions, ce qui en exclut la masse du peuple[1]. Plus tard, et sous Tibère, les élections, même à Rome, passèrent au sénat, et ce corps s'attribua la connaissance exclusive de toutes les affaires que le peuple décidait auparavant. Le cours natu-

---

[1] Excogitato genere suffragiorum quæ, de magistratibus urbicis, decuriones colonici in suâ quisque coloniâ ferrent, et sub diem comitiorum obsignata Romam mitterent. Suet., in Aug., 46.

rel des choses dut amener le même résultat dans les villes d'Italie.[1] (An J. C. 14.)

III. Enfin, et quand la dignité de citoyen romain fut accordée à tous les sujets de l'empire, toutes les villes se confondirent dans la commune sujétion. Déjà, et au fur et mesure que les distinctions s'affaiblissaient, le langage devenait un indice de cet état de choses. Le nom de municipe, autrefois tout spécial, tout technique, commença à être employé improprement dans la désignation de villes non municipales, et il finit par l'être indistinctement dans le langage même des écrivains corrects, pour désigner quelque ville que ce fût.[2]

Quelques priviléges particuliers, quelques franchises, la participation au droit civil, le droit italique pour quelques villes, survécurent cependant comme une trace, un souvenir du passé.

IV. Mais aussi c'est à cette époque que commence une meilleure et plus savante administration des cités, dédommagement que les bons

---

[1] Tum primùm è campo comitia ad patres translata. Nam ad eam diem etsi potissimum arbitrio principis quædam tamen studiis tribuunt fiebant neque populus ademptum jus questus est nisi inani rumore. Tac., Ann., lib. 1. – XV.

[2] Nauporto quod municipii instar erat. Tac., Ann., 1. – 20.

Direptus longâ pace in modum municipii extractus locus. Tac., Hist., 1. – 67.

Subversa longæ pacis opera haud procul castris in modum municipii extracta. Tac., Hist., IV. - 22.

princes semblaient offrir en échange de la liberté politique. Il est une foule d'exemples de cette sollicitude dans l'histoire des Antonins[1], et l'on trouve un assez grand nombre de priviléges, d'avantages locaux accordés par les empereurs aux cités de l'empire. Ces priviléges consistaient dans l'exemption totale ou partielle des charges publiques, la remise temporaire ou perpétuelle des impôts, et quelquefois dans certaines formes d'administration plus indépendante, ou certains droits extraordinaires : tels étaient, pour les habitants de Nicée, les droits qu'ils exerçaient de recueillir les biens des citoyens morts intestats.

V. C'est surtout à Trajan et à ses successeurs

---

[1] Cùm vellem Apameæ cognoscere publicos debitores, et reditum et impendia, responsum est mihi capere quidem universos ut à me rationes coloniæ legerentur, nunquam tamen esse lectas ab ullo proconsulum, habuisse privilegium et vetustissimum morem arbitrio suo rempublicam administrare. —Respondet Trajanus : Sciant hoc quod inspecturus es, ex meâ voluntate, *salvis quæ* habent privilegiis esse facturum. Plinius, Ep. X. – 56.

Nicentibus qui intestatorum civium suorum concessam vindicationem bonorum A. D. Augusto adfirmant, debebis vacare... Plin., X. – 88.

Nero... impetrat ut Ilienses omni publico munere solverentur Tac., Ann., XII. – 58.

Retulit (Claudius) de immunitate Cois tribuendâ... ut, omni tributo vacui, in posterum Coi, sacrum et tantum dei ministrum insulam colerent. *Ibid.*, Ann., XII. – 61.

Ipse (Vitellius) : fœdera sociis, Latium dilargiri : his externis tributa dimittere; alios immunitatibus juvare; denique nulla in posterum cura dilacerare imperium. Tac., Hist., III. – 55.

Adrien, Antonin-le-Pieux, Marc-Aurèle, que le droit des cités dut son amélioration.

Sous Trajan, le sénatusconsulte Apronianus permit aux villes de recueillir des hérédites [1] fidéicommissaires. [2] Bientôt après, elles purent être directement instituées héritières [3]; la faculté de recueillir des legs qu'elles ne possédaient pas auparavant [4], leur fut accordée par Adrien, et il reproduisit le décret de Trajan, qui assimilait au

[1] Omnibus civitatibus quæ sub imperio populi romani sunt restitui debere et posse hæreditatem fideicommissam, Apronianum senatusconsultum jubet. L. 26., D. ad Sc. Tertullianum.

[2] Quelques auteurs attribuent ce sénatusconsulte à Adrien. Cujas en fait honneur à Marc-Aurèle.

Pothier, adoptant l'opinion d'Ant. Augustinus et d'Heinneccius, fixe la date de ce sénatusconsulte à l'an de J. C. 124, sous le consulat de Q. Ariuspœtinus et de Ventidius Apronianus. Il réfute et repousse l'opinion de Cujas, qui reporte cette date jusqu'à l'année 169. Poth., Pand. ad lib., 36. — L. 26.

[3] Hæreditatis vel legati, seu fideicommissi, aut donationis titulis, domûs aut annonæ civiles.... ad jus inclytæ urbis vel alterius cujuslibet civitatis pervenire possunt. (An 469.) Cod., l. 12, De hæred. instit.

Tout porte à croire que cette loi n'est que la reproduction d'une loi plus ancienne; car on voit dans la loi 9, au digeste (quod cujuscumque univers. nom.) qu'on pouvait avoir une hérédité commune avec une municipe; dès-lors celui-ci pouvait l'acquérir. Si tibi cum municipibus hæreditas communis erit, familiæ herciscundæ judicium inter vos redditur.

[4] Nec hæredem institui, nec præcipere posse rempublicam constat. Plin., Ep. V. - 7.

Civitatibus omnibus quæ sub imperio populi romani sunt legari potest, idque à D. Nerva introductum posteà à senatu auctore Adriano diligentius constitutum. Ulp., frag. XXIV. - 28.

péculat la soustraction des deniers municipaux[1]. La dignité des décurions[2] reçut un nouvel accroissement sous le même empereur, qui leur défendit de se rendre fermiers des biens de la cité[3], et le droit municipal reçut ses derniers et amples développements d'Antonin et de Marc-Aurèle. Sous ces princes, l'empire était florissant et la condition des cités prospère.

VI. Voici le tableau qu'en a tracé un écrivain moderne[4] :

Il y avait dans l'administration de chaque cité, image elle-même de l'empire, un ordre admirable. Les tributs n'étaient pas encore excessifs et intolérables et s'appliquaient aux besoins généraux de l'empire, à l'entretien des armes; les dépenses de chaque cité se prenaient sur ses revenus, et sans qu'on établît sur les habitants d'impôt spécial pour y pourvoir. Les édifices publics, les murs, les chemins, les acqueducs, les jeux,

---

[1] Sed et si de re civitatis aliquid subripiat, constitutionibus principum divorum Trajani et Hadriani cavetur peculatus crimen committi et hoc jure utimur. D., ad leg. Jul, peculatus, l. 4, §. 7.

La loi 81 De furtis, paraît contraire; mais Cujas explique cette antinomie en supposant que Papinien, auteur de cette dernière, se réfère à l'ancienne loi Julia, et non aux additions résultant de la législation impériale.

[2] Divus Hadrianus eos qui in numero decurionum essent capite puniri prohibuit, nisi si qui parentem occidissent.... D. L. 15, De pœnis.

[3] Xiphil., l. LXIX. — Roth, p. 29.

[4] V. Roth, De re mun. rom., p. 30.

n'épuisaient pas le trésor de la cité, ne comman-
daient pas de nouvelles charges ; le patrimoine
ancien suffisait à ces dépenses, et on veillait seulement à ce que le présent n'épuisât pas les res-
sources de l'avenir [1]. Pour la plupart des choses
intéressant la cité, il n'était pas besoin d'argent,
car un grand nombre de travaux étaient exécu-
tés par les citoyens eux-mêmes. L'exemption de
ces services publics était une faveur rare, et depuis
il fallut veiller à ce que l'ordre des décurions se
recrutât en y ramenant ceux qui s'efforçaient de
la fuir ; mais on était loin de ces charges qui écra-
sèrent les curies par la suite, et une foule de lois
démontrent que c'était encore une dignité re-
cherchée, un honneur que d'être décurion. [2] L'âge
suivant apporta peu de changements au régime
municipal, et il paraît avoir recueilli les avantages
de cette sage et prudente organisation. En effet,
les barbares menacent l'empire, le trône impérial est occupé par des princes peu dignes de ce
nom, et cependant à l'intérieur tout est tran-

[1] Si instructio novi balinei oneratura vires præsentium non est, pos-
sumus desiderio eorum indulgere : modo ne quid ideò aut intribu-
ant, aut minus illis in posterum fiat ad necessarias erogationes. Traj.,
Plin., X. - 35.

Neque enim dubitandum puto quin aqua perducenda sit in colo-
niam sinopensem, si modo viribus suis idipsa id assequi potest.
Traj. Plinio, X. - 92. — *Id.* X. - 114.

L. 2, 3, 5, 13. - D. De decur.

[2] L. 7, §. 2. — D., De decur.

quille, les tributs se perçoivent avec facilité et tout fleurit au sein de l'empire comme si l'on était en pleine paix. Ce phénomène ne trouve d'explication que dans cette heureuse organisation qui, tout en maintenant la subordination au pouvoir central et souverain, laissait aux cités une administration locale et assez indépendante pour que l'impulsion venue du centre, pût s'affaiblir et même s'arrêter, sans que la vie quittât les extrémités. Un assez grand nombre de lois furent promulguées pendant les règnes des princes qui succédèrent aux Antonins, et parmi eux, on remarque Dioclétien, sous la main duquel tout prit un nouvel aspect dans l'administration impériale. Cependant il ne surgit guère d'idées nouvelles ; mais les jurisconsultes du siècle de Sévère firent du droit municipal un des objets de leurs études, et Paul, l'un des plus célèbres d'entre eux, écrivit un traité sur la loi municipale, *ad municipalem* [1].

VII. Le règne de Constantin amena, très-certainement, de grands changements dans la situa-

---

[1] Y a-t-il eu une loi municipale générale et régissant toutes les cités ? c'est une question controversée. Cependant il semble résulter d'un passage de Cicér. (ad De) VI. - 18 ; d'une inscription rapportée par Otton, où on lit : Ex lege Juliâ municipali ; enfin , de la loi 3 au dig. de Decr. ab ord. fac, qu'il y avait une loi municipale, lege municipali cavetur. — M. Giraut , dans le mémoire précédemment cité , ne doute pas de l'existence et du caractère général de cette loi. Il en rapporte la date à l'an 709. Elle avait, suivant lui ,

tion des villes. Les détracteurs de ce prince, si diversement jugé, lui adressent des reproches amers dont ses partisans ne réussissent pas toujours à l'absoudre. Ce prince, dit Roth, fit disparaître les derniers vestiges de la république, et en même temps porta le trouble dans le régime municipal resté intact au milieu de tant de désastres, pour satisfaire à son luxe asiatique et dépouiller, non-seulement les temples payens, mais les cités dont les biens s'étaient lentement accumulés pendant le cours des siècles. De là, pour les citoyens, une aggravation de charges et l'obligation de satisfaire, avec leur propre patrimoine, à des dépenses que le trésor municipal épuisé ne pouvait plus acquitter. Et, par une inconséquence tyrannique, il établit l'inégalité dans l'assujétissement aux charges municipales, créant des immunités, des priviléges innombrables. Ces priviléges finirent par rendre intolérable la position de ceux qui n'en jouissaient pas. C'est à cet acte qu'il faut attribuer la désertion des curies par les décurions, la dépopulation des cités, et une cause de mort intérieure ajoutée aux périls de l'ennemi du dehors.

pour but de régler les formes de la constitution municipale et de la ramener à l'unité. «Elle réglait, ajoute-t-il, non-seulement le droit des municipes italiques présents et à venir, mais encore le droit public des communes extra-italiennes. On voit cependant qu'elle a été faite principalement en vue de la nouvelle adjonction de la Gaule cisalpine au territoire civil des Romains. »

VIII. Il faut, toutefois, reconnaître qu'il essaya par quelques réglements de remédier au mal qu'il apercevait. Ce fut lui qui défendit d'admettre dans les décurions les ordres sacrés [1]; ceux-ci cherchaient en effet, dans le sacerdoce, une exemption aux charges de leur condition; il attribua aux cités la succession des décurions morts sans héritiers légitimes ou testamentaires [2]; et enfin il accorda aux villes le privilége de se faire payer de leurs créances, non-seulement par leurs débiteurs, mais encore par tous ceux qui possédaient des biens qui appartenaient au débiteur [3], au moment où il contractait sa dette envers la cité. Cette loi se termine par une recommandation de ne confier l'argent des villes qu'à des personnes solvables ou aux propriétaires d'héritages ruraux.

[1] L. 3 et 6. — C. Roth.; De episc. et cleric.

[2] Si decurio sine liberis intestatus diem vitæ solverit, cui neque voluntas postrema legibus fulta, neque alio quo jure gradu proximo hæres extiterit, bona ejus, curiæ suæ commodis cedant, idest ordinis utilitati proficiant, cujus corporis fatali necessitate exemptus est : nulli præbenda licentia postulandi hæc bona, ut vacantia de nostrâ clementiâ, etiamsi revera et testamentum, et successor deesse legitimus adprobetur, omni enim beneficio, si quod fuerit impetratum protinùs infirmando. L. 1. — C. Th., De bonis decur.

[3] L. 2, Cod. De debitoribus civitatis. — Ideoque cura patris civitatis apud idoneos, vel dominos Rusticorum prædiorum pecunia collocanda est. (A. C., 314.)

Ce placement de l'argent des cités, à titre de prêt, entre les mains des particuliers, a duré jusqu'aux ordonnances modernes sur la comptabilité communale.

IX. On adresse à Constance les mêmes reproches qu'à son père. Victimes des confiscations réitérées, les villes s'appauvrissaient et les habitants d'Héraclée, quelques années plus tard, furent contraints de demander à Théodose-le-Jeune, de venir à leur secours pour relever les murs de la ville et les acqueducs depuis long-temps abandonnés [1]. Plus les charges qu'imposait , nous n'osons plus dire la dignité mais la qualité de décurion , s'aggravaient , plus l'empereur se montrait facile dans la concession des immunités qui en exemptaient , et plus les particuliers se montraient jaloux d'obtenir des exemptions devenues précieuses. Constance permit aux décurions d'entrer dans les ordres sacrés, et même, dans certains cas, de conserver leurs biens, que dans d'autres ils étaient tenus d'abandonner à la curie, comme un dédommagement de la perte qu'elle faisait en perdant un de ses membres . En même temps , il restreignait le pouvoir municipal en défendant aux décurions d'accorder aucun traitement sans son autorisation expresse [2].

X. Avec Julien, dont les affections se reportaient vers l'antiquité , les idées du passé reprirent faveur , et cet empereur tenta une restauration

[1] Nov. XXX. Petierunt ut suis provisionibus (imperator) eorum muros et aquæductus longo tempore neglectos restitueret.

[2] Nulli salarium tribuatur ex viribus reipublicæ, nisi ei qui jubentibus nobis specialiter fuerit consecutus. 5 non. octob. 349. — Cod. Theod., De præb. sal. , l. 1. — Cod. Just., l. unic. — *Ibid.* , tit. 10.

désormais impossible. Il rendit aux villes les biens
dont elles étaient dépouillées [1], menaça de peines
sévères ceux qui abandonneraient la curie et ré-
voqua la plupart des priviléges accordés par ses
prédécesseurs, obligeant à remplir les fonctions
municipales, tous ceux que leur position rendait
aptes à y participer.

Nous ne pouvons ici nous empêcher de faire
remarquer combien il faut prendre garde aux jugements portés par les historiens. Constantin et
Constance, mus par un sentiment religieux et
suivant l'impulsion des idées nouvelles, ont augmenté les priviléges, la fortune du clergé, et les
monuments de leur zèle à cet égard ont été pré-
sentés, par les écrivains chrétiens, comme un

[1] Liberalitatis ejus testimonia plurima sunt et verissima, inter quæ
vectigalia civitatibus restituta cum fundis, quos velut jure vendidere
præteritæ potestates. Amm. Marcell. XXV. 4.

Possessiones publicas civitatibus jubemus restitui, ità ut justis
æstimationibus locentur, quo cunctarum possit civitatum reparatio
procurari. Cod. Theod., De loc. fund. jur. Emph., l. 1.

Oportuit prætoria judicum et domus judiciarias publico juri atque
usui vindicari; sed quia salubris nostra dispositio dilata est, nunc
tandem trahatur effectus. Cod. Theod., De opp. pub., l. 8.

Quicumque cujuslibet ordinis, dignitatis, aliquod opus publicum
quoque genere obscurâ interpretatione meruerit, fructu talis bene-
ficii sine ullâ dubitatione privetur : non solum enim revocamus quod
factum est, verùm etiam in futurum cavemus nequâ fraude tentetur.
Cod. Theod., eod. l. 10.

Pro ædibus quas nonnulli in solo reipublicæ extruxerunt, placi-
tam præstare pensionem cogantur.

Pamphiliæ etiam civitates quæcumque aliæ quidquid sibi acqui-
runt, id firmiter habeant. Cod., De div. præd., t. 49, l. 1 et 2.

titre de gloire; tandis que les écrivains hostiles à la religion chrétienne les ont blâmés et n'ont voulu y voir que la ruine du passé sans songer au nouvel ordre de choses qui surgissait. L'inverse a eu lieu pour Julien, restaurateur du culte payen; sectateur des anciens principes, il a eu pour détracteur les écrivains chrétiens, pour admirateurs les détracteurs de Constantin. Aussi, les lois de Julien sur les municipalités ont-elles été critiquées avec amertume, et la critique a été jusqu'au contre-sens[1]. La loi 50, *Code Théod., De décur.*, porte que ceux des décurions qui, sous prétexte de leur qualité de chrétiens, se refusent à remplir les fonctions municipales, doivent être contraints de le faire[2]. Quelques auteurs en ont conclu que Julien avait imaginé contre les chrétiens un nouveau genre de peine, et que cette peine était leur aggrégation forcée aux colléges des décurions; tandis que la loi ci-dessus n'est que le rappel à la règle que la tolérance des siècles précédents avait sans doute fait oublier ou enfreindre. Julien défendit aussi d'exiger des curies,

[1] Illud amarum et notabile fuit, quod ægrè sub eo curialibus quisquam adpetitus, licet privilegiis et stipendiorum numero et originis penitùs alienæ fortitudinis communitus obtinebat æquissimum. — Illud quoque itidem parum ferendum, quod municipalium ordinum cœtibus patiebatur injustè quosdam adnecti, vel peregrinos, vel ab his consortiis privilegiis aut origine longè discretos. Amm. Marcell., XXII., 9. - XXV, 8.

[2] Decuriones qui ut christiani declinant munia revocentur. Cod. Theod., De decur., l. 50.

l'impôt connu sous le nom de *Lustralis collatio* [1] :
et s'efforça de rétablir, dans l'administration
municipale, l'ordre qu'il essaya d'introduire dans
tout l'empire; mais les époques de réaction et de
restauration sont passagères, la digue ne dure que
quelques instants, le flot la surmonte ou la ren-
verse et les choses reprennent leur cours ordinaire.

XI. Aussi, après Julien il resta peu de choses
de ses efforts et de ses institutions. Sous Valentinien (an de J.-C. 367), on retrouve les immunités accordées de nouveau, l'*or coronaire*, ce
tribut odieux imposé aux curies [2], les charges des
décemvirs augmentées par la défense d'aliéner,
par vente ou donation, le bien qu'ils possèdent,
pendant tout le temps qu'ils sont chargés de recueillir l'impôt [3]. Aussi, les curies deviennent dé-
sertes, et on lit dans Ammien Marcellin une
anecdote qui fait mieux connaître que tous les
discours, le misérable état auquel elles étaient

---

[1] Ab auri atque argenti præstatione, quod negotiatoribus indici-
tur curiæ immunes sint nisi fortè decurionem aliquid mercari constiterit. L. 4., C. Th., De lustrali collatione.

[2] Nullus, exceptis curialibus quos pro substantiâ suâ aurum coro-
narium conferre convenit, ad oblationem hanc attineatur. Cod. Th.,
1. 3, De auro coron.

L'or coronaire était un tribut consistant en or ou en couronnes d'or
offertes à l'empereur, soit à l'époque de son avènement, soit à l'occasion de quelque événement heureux. Hommage d'abord volontaire,
ce tribut devint obligatoire par la suite. V. Godefroi sur cette loi.

[3] Cod. Theod., De his quæ administrant, 1. 89.

réduites. Valentinien irrité contre un grand
nombre de villes, ordonna un jour qu'on fît périr dans chacune trois décurions ; à quoi il fut
répondu : comment cet ordre pourra-t-il être exé-
cuté dans les villes où on ne trouverait pas un
pareil nombre de décurions [1] ? Aussi, le premier
des empereurs romains, il avilit cette dignité en en
faisant une sorte de peine qu'il infligea aux fils de
vétérans qui abandonnaient les armées [2]. Il faut
toutefois reconnaître que, par une autre loi qui
n'est pas un faible témoignage, de l'incohérence
de cette législation de pur arbitraire, il défendit
d'infliger la qualité de décurion à titre de peine [3].
Quel singulier résultat ! La première dignité de
la cité, devenue, grâce aux vexations et aux
charges dont elle était accablée, un objet d'effroi,
une chose qu'on a songé à infliger aux coupables
à titre de punition de leurs délits ! Valens, col-
lègue de Valentinien, voulut que les moines fus-

---

[1] Florentius cùm in re quâdam audivisset eum (Valentinianum),
percitum irâ, jussisse ternos per ordines urbium interfici plurimarum :
— Et quid agetur, ait, si oppidum aliquod curiales non haberet tan-
tos. Amm. Marcell., XXVII. - 7.

[2] Cod. Theod. de re militari, 1. 5., — De decur., 1. 85.... Nam
si post definitam à nobis ætatem ignobile otium adamaverint curiis
obnoxii erunt sine controversiâ pro virium qualitate. — V. aussi 1. 83,
Cod. Theod., De decur.

[3] Ordinibus curiorum quorum nobis splendor maxime cordi est,
non aggregentur nisi nominati, nisi electi quos ipse ordines cœtibus
duxerunt aggregandos, *ne quis ob culpam, ob quam eximi deberet
ex ordine mittatur in curiam.* Cod. Theod., De decur., 1. 66.

sent contraints d'accepter les fonctions municipales, et les arracha à leurs retraites pour les
ramener au sein des villes [1]. Ces efforts pour
maintenir l'institution, pour attacher à la curie,
soit les hommes, soit les biens, ont été la préoc-
cupation de tous les empereurs. Théodose-le-
Grand multiplia les réglements à cet égard. Il
voulut qu'un décurion ne pût ni devenir sénateur,
ni être ordonné prêtre qu'en abandonnant tous
ses biens à la curie [2]; ajoutant, par une amère
ironie, qu'il ne convient pas aux hommes occupés des choses divines de se laisser distraire par le
soin tout terrestre de leur patrimoine. Toutefois,
il renouvela la défense d'inscrire un citoyen parmi
les décurions à titre de peine. [3]. Les biens de ceux-ci

[1] Quidam ignaviæ sectatores, desertis civitatum muneribus ca-
piant solitudines ac secreta, et specie religionis cum cœtibus mona-
zonton congregatur. Hos igitur atque hujusmodi deprehensos, erui
latebris consulta præceptione mandamus, atque ad municipia pa-
triarum subeunda revocari, et pro tenore nostræ sanctionis familia-
rium rerum carere illecebris, quas per eos censuimus vindicandas,
qui publicarum essent subituri munera functionum. L. 20, Cod.,
De decur.

[2] Curiales si ecclesiis malunt servire quam curiis, si volunt esse
quod simulant, contemnunt ista quæ subtrahunt; nec enim eos aliter
quam contemptis patrimoniis liberemus : quippe animos divinâ ob-
servatione devinctos non decet patrimoniorum desideriis occupari.
L. 104, Cod. Theod., De decur. — L. 150, *ibid.*

[3] Omnes itaque omninò judices tuæ censuræ subditos admonebis,
ne quis (eorum) existimet curiæ loco supplicii quemquam deputan-
dum : cum utique unumquemque criminosum non dignitus debeat
sed pœnâ comitari. L. 58, Cod., De decur.

furent en quelque sorte inaliénables entre leurs mains, puisqu'ils ne purent en disposer sans un décret qui les y autorisât [1], et que tout possesseur à titre gratuit de ces biens, fût contraint d'abord à payer un impôt à la curie, et ensuite à y entrer lui-même, à moins d'une excuse admise [2].

Le lecteur comprendra mieux cette persistance des citoyens à fuir le dangereux honneur d'être inscrits au collége des décurions, quand, dans la seconde partie de ce travail, nous aurons exposé les charges et la responsabilité pécuniaire qui pesaient sur ces colléges ; il comprendra alors plus facilement comment toute immunité était,

[1] Cod. Theod., 1. 1, De prædiis cur. non alien. — Quod si, contra vetitum, occultis molitionibus, per subpositas fraude personnas cujuslibet loci, quem tamen decurio distrahat, comparator extiterit, sciat se pretio quod dederit et loco quem comparaverit esse privandum.

[2] Cod. Theod., 1. 107, – 1. 123, De decur. — L. 134, *ibid.*, – 1. 107, Quicumque hæres curiali vel legitimus, vel electus testamento graduve, successerit, quique fideicommissarius aut legatarius ejusdem arbitrio morientis extiterit, vel si quem liberalitas locupletaverit fortè viventes quos à curiæ nexu conditio solet dirimere, sciant pecuniariis descriptionibus, pro eâ tantùm parte patrimonii in quam quisque successit ad Denirasmum, sive Uncias, sese auctoris sui nomine retinendum.

L. 134. Usque eo, super hàc re judicantis est sententia porrigenda ut quoniam curialium fundos, diversis titulis, hujuscemodi homines tenere cœperunt, intelligant sese, quos nulla honorum suffragio, non ætatis defensabit infirmitas, in eorum locum suscipiendis functionibus subrogandos, quorum, vel habendo vel habitando, sibi patrimonio præsumpserunt.

pour ceux qu'elle laissait en moins grand nombre exposés aux mêmes charges, une aggravation de peine. Ceux qui parmi nous ont été témoins des rigueurs de la conscription et des mesures dont elle était accompagnée, peuvent se faire une juste idée des moyens employés par les décurions pour se soustraire à leur triste destinée, et en même temps des efforts du pouvoir pour les retenir dans les cités. C'est un spectacle curieux et qui a frappé un écrivain moderne, que le langage des empereurs ; tantôt ils exhortent les curiales à se dévouer volontairement à la curie à laquelle ils sont pour ainsi dire consacrés [1], tantôt menaçants et sévères, ils ordonnent de ramener ceux qui s'enfuient en quelques lieux qu'ils soient [2]. De leurs côtés les décurions invoquent ou des priviléges personnels accordés par les empereurs eux-mêmes qui en méconnaissent l'efficacité [3], ou la dignité sénatoriale qui exemptait des fonctions

[1] Maneant in sinu patriæ et velut dicati infulis mysterium perenne custodiam sit illis piaculum indè discedere. L. 122, Cod. Theod., De decur.

[2] Ex omnibus domibus productíque origine sunt curiales, ad subeundam publicorum munerum functionem protrahantur, quippe cum occultatoribus talium præter jacturam existimationis etiam rerum dispendium incumbat, si ulterius progressi utilitatem publicam privatis custodiis et patrociniis postponant. L. 31, Cod. Theod., De decur.

[3] Quotiescumque se ex rescriptis nostris aliquid impetrasse contendunt hi quos obnoxios curiæ vel origo fecerit, vel latum inter patres judicium designaverit, nullam prorsus spem curiam declinandi ex colore sacræ jussionis accipiant. Cod. Theod., De decur., l. 37.

municipales. D'autres fuyaient les villes et se re-
tiraient à la campagne, d'autres cherchaient une
retraite dans les maisons des grands [1], ou à l'armée [2], dans les provinces éloignées [3]. Enfin quelques-uns, les plus malheureux sans doute, se
cachaient dans des grottes, des retraites inac-
cessibles, et demandaient à la solitude la liberté
qui leur manquait parmi les hommes [4]. La mort

[1] Curiales omnes jubemus in terminatione moneri, ne civitates
fugiant aut deserant rus habitandi causâ, fundum, quem civitati
prætulerint, scientes fisco esse sociandum : eoque rure se carituros,
cujus causâ impios se patriam vitando demonstraverint.

Cod. Si curialis relict. civit. rus habit. maluer., l. unic., Cod.

[2] Qui derelictâ curiâ militaverit, revocetur ad curiam.

L. 17, Cod. Theod., De decur. Si quis decurio aut subjectus curiæ
ausus fuerit ullam affectare militiam, nullâ temporis præscriptióne
muniatur, sed ad conditionem propriam retrahatur : nec ipse vel ejus
liberi post talem ipsius statum procreati, quod patriæ debetur va-
leant declinare.

[3] L. 51, Cod. Theod., De decur. Quamvis provisum fuerat con-
gruæ emendationis concursu, quemadmodum curiales militiæ nomine
et honore suspenso officiis redderentur : tamen quia hoc callido consilio repererunt, ut civitatis provinciæ suæ finibus, tanquam his eorum
tantum interdictis fuisset accessus, peregrinos expeterent commeatus :
ne diutius in perniciem curiarum, latitandi spes (perseveret) et solatia eos impunitatis sequantur, horum cupiditatibus obviamus : ut
ex eorum bonis, qui se vel persecutioni, vel muniis civitatum, in-
terdictæ dudum ambitione militiæ, vel quâlibet fraude subtrahere
conati fuerint, curiis quas deseruerunt consulatur. Itaque si vocati
edictis intra anni metus, hi tamen, qui manifestis curiæ nexibus
illigantur, latere potius quàm redire maluerint : sciant post emensum
annum interpellatis provinciarum moderatoribus, ex facultatibus
suis, curiis, quas destituerant, esse consulendum. Neque enim de
immaturo præjudicio temporis possunt brevitatem causari.

[4] Destitutæ ministeriis civitates splendorem, quo pridem nitue-

seule arrachait le curial à sa condition , et quelques-uns , pour ne pas léguer à leurs descendants un aussi misérable état, ne se mariaient plus [1], fraudant ainsi de leur personne , disent les empereurs , les droits de la cité.

XII. Arcadius , fils de Théodose , s'appliqua à remettre en vigueur un grand nombre de règles des règnes précédents , et la seule innovation qu'il ait introduite dans le droit municipal, mérite d'être remarquée. Autrefois, les dépenses de la cité se prenaient sur les revenus, et le tiers de leurs produits était affecté à la réparation des murs et des bains publics [2], et il était même défendu

rant , amiserunt ; plurimi si quidem collegati cultum urbium deserentes , agrestem vitam secuti in secreta se et devia contulerunt. Sed talia ingenia hujusmodi auctoritate destruimus, ut ubicumque terrarum reperti fuerint, ad officia sua sine ullius nisu exceptionis revocentur. Cod. Theod. , De his qui cond. prop. reliquer. , l. 1.

Multi patriam deserentes, natalium splendore neglecto, occultas latebras et habitationem elegerunt juris alieni, illud quoque sibi dedecoris addentes , ut dùm uti volunt patrociniis potentiam , colonarum se ancillarumque conjunctione polluerint. Nov. Majoriam, 1.

[1] Denique quoniam ipsis corporibus fraudare curiam voluerunt, rem omnium impiam invenerunt, à nuptiis legitimis abstinentes. Nov. XXXVIII.

[2] Restaurationi mœnium publicorum tertiam portionem ejus canonis qui ex locis fundisve reipublicæ annuâ præstatione confertur, certum est satis posse sufficere. Cod., L. 3. De div. præd... (an 395).

Ne splendidissimæ urbes, vel oppida vetustati labantur, de reditibus fundorum juris reipublicæ tertiam partem reparatione publicorum mœnium, et thermarum substitutioni deputamus. Cod., L. 2., De oper. publ. (an 395.)

d'exiger aucun sacrifice à cet égard des habitants [1] : mais bientôt cette ressource manqua , et le patrimoine des villes appauvries ne put suffire ; il fallut en venir à imposer les citoyens : ce fut Arcadius qui le premier le décida ainsi. Il voulut que chaque citoyen contribuât , suivant sa fortune , à la dépense nécessaire , et qu'à cet effet , chaque mesure de terre , *jugum,* fût imposée de manière à ce que le produit de cette contribution fût égal à la dépense et que tous payassent sans aucuue exception de personnes ou de privilége [2].

XIII. Il existe un assez grand nombre de lois d'Honorius son frère , et toutes elles reproduisent ces mesures acerbes et minutieuses , par lesquelles l'on s'efforçait d'attacher le curial à la curie. Il n'y a lieu ni de s'en étonner ni d'en charger la mémoire de tel ou tel prince en particulier. Le gouvernement de la cité , d'honorifique qu'il était dans l'origine , était devenu , pour le décurion , une charge , et pour le gouvernement central qui

[1] L. 33 , Cod. Theod. , De op. publ.

[2] Omnes provinciarum rectores litteris moneantur , ut sciant ordines , atque incolas urbium singularum muros , vel novos debere facere , vcl veteres firmius renovare : scilicet hoc pacto impendiis ordinandis , ut adscriptio currat pro viribus singulorum , deinde adscribantur pro æstimatione operis futuri territoria civium : ne plus poscatur aliquid , quum necessitas impetraverit , neve minus : ne instans impediatur effectus. Oportet namque per singula (non sterilia) juga certa quoque distribui, ut pars cunctis præbendorum sumptuum necessitas imponatur, nemini excusatione , vel aliâ præsumptionc ab hujusmodi immunitate præbendâ. Cod., De op. publ., l. 12. (an 396.)

se servait des décurions dans la perception des impôts, un rouage indispensable de l'administration ; ces deux faits devraient produire leurs conséquences ; la logique a souvent plus d'empire qu'on ne le croit sur les choses de ce monde, et ce n'est pas impunément qu'on pose un mauvais principe [1]. La législation municipale, sur la fin de l'empire, était une législation fiscale, et dèslors, il ne faut s'étonner ni de son caractère mesquin, tracassier, ni de l'absence de dignité qu'on y remarque, tout cela est propre aux lois fiscales. Il ne faut attendre des financiers, ni conceptions grandes, ni conceptions élevées, et le *produit* est le seul principe des collecteurs d'impôts ; ainsi, Honorius prive de tous leurs biens les décurions, qui, rappelés dans leur curie, au-

---

[1] Quelques auteurs, et M. Guizot est du nombre, attribuent au despotisme impérial tous les vices du régime municipal romain. Cet historien ajoute que le despotisme impérial anéantit la classe moyenne. » Toutes les batteries de ce despotisme furent dirigées » contre cette classe, et ce fut dans le régime municipal qu'il l'emprisonna pour l'asservir, la briser, la dissoudre, lui enlever toute vie » politique et détruire ainsi la nation. » *Essais sur l'Histoire de France, éd.* 1841, *p.* 4. Malgré tout notre respect pour l'illustre écrivain, nous ne pouvons nous empêcher de dire que rien n'est plus faux que cet aperçu. Sans aucun doute, les empereurs ont détruit ou énervé la classe des décurions, mais ils n'en ont pas eu l'intention ; car toute leur législation atteste les efforts contraires qu'ils faisaient pour la perpétuer et la maintenir. Leur mauvais gouvernement rendait ces efforts impuissants, en même temps qu'il les nécessitait ; mais ce n'était pas un résultat de leur volonté. D'un autre côté, ce ne sont pas les empereurs qui ont introduit les deux germes de disso-

raient laissé passer une année sans y revenir [1]. Il veut que l'enfant né du commerce d'une femme curiale et d'un esclave, soit au rang des décurions [2]; que le prêtre chassé par son évêque ou qui abdique volontairement le sacerdoce, rentre néanmoins dans la curie [3]. Il oblige les décurions chargés de la perception des tributs, d'exercer cet emploi pendant 15 années [4]; tout cela est

lution qui ont détruit la classe moyenne; l'institution date de la république. A l'époque la plus florissante de l'empire et du gouvernement municipal, on était décurion malgré soi, et la curie était chargée de la répartition des impôts et des autres charges au profit du gouvernement central. Ce qu'on fait les empereurs, c'est exagérer, mal appliquer ces principes; l'institution municipale a péri entre leurs mains, malgré eux, comme toute chose; mais il n'y a eu ni calcul, ni combinaison contre la classe moyenne. Quand le régime municipal a incommodé l'administration municipale, une constitution l'a aboli et tout a été fini. Le propre du despotisme est d'aller franchement au but bon ou mauvais. C'est aux gouvernements pondérés ou délibérants qu'appartiennent les combinaisons de la nature de celle que M. Guizot attribue à la cour impériale.

[1] L. 51, Cod. Theod., De decur. Vid. sup. pag. 51.

[2] Cod. Theod., l. 115, 178, 179, De decur.

[3] Quemcumque clericorum indignum officium suo episcopus indicaverit, et ab ecclesiæ ratione segregaverit, aut si qui professum sacræ religionis sponte dereliquerit, continuò sibi eum curia vindiret, ut liber illi extrà ecclesiam recursus esse non possit. Cod. Theod., l. 59, De episcop.

Quæ omnia obtinere ex hâc nostrâ sancimus lege, habentes ipsos statim et confestim civitatis illius ex quâ sunt fieri curiales nisi vehementer curialibus abundet civitas, quo casu vicinæ vel ulterioris etiam usque ad unam provinciam alteram, ubi maximè curialium constituta est penuria. Cod., l. 51, tit. De episcop. et cleric.

[4] Cod. Theod., De decur., l. 171.

parfaitement tyrannique et absurde, au point de vue de la liberté et de la dignité des administrations locales. Tout cela est parfaitement logique au point de vue de l'impôt et des besoins de l'administration ; ce qui l'est moins, ce sont les priviléges accordés aux biens des églises ; mais ici, les idées religieuses dominaient les pensées administratives [1].

XIV. Les défenseurs de la cité étaient auparavant élus par la curie seule [2] ; Honorius étendit le droit de les nommer et il appela à l'assemblée les évêques, les clercs, les décurions et le peuple [3]. Il diminua aussi la juridiction municipale en augmentant celle des évêques dont les décisions étaient sans appel [4]. On sent approcher la ruine

[1] Prima quippe illius usurpationis contumelia depellenda est, ne prædia usibus cœlestium seretorum dedicata, sordidorum munerum fæce vexentur. Nil extraordinarium abhinc super indictumque flagitetur : nulla translationum sollicitudo signetur : postremo nihil præter canonicam illationem, quam adventitiæ necessitatis sarcina repentina poposcerit, ejus functionis adscribatur. Si quis contravenerit, post debitæ ultionis acrimoniam quæ contra sacrilegos premenda est exilio deportationis perpetuo subdatur. L. 5, Cod., De sacrosanct. eccles.

[2] Cod. Theod., l. 1.

[3] Defensores ità præcipimus ordinari ut sacris orthodoxæ religionis imbuti mysteriis, reverendissimorum episcoporum, necnon clericorum et honoratorum, ac possessorum et curialium decreto constituatur, de quorum ordinatione referendum est ad illustrissimam prætorianam potestatem : ut litteris ejusdem magnificæ sedis eorum solidetur autoritas. L. 8, Cod., De def. civit.

V. l. 7, Cod. Theod., *ibid.*

[4] L. 8, Cod., De episcop. audientiâ.

de ce régime artificiel qui confiait l'administration de la cité à une seule classe de citoyens, lais-
sant au-dessus et au-dessous d'elle, deux classes
affranchies, l'une par sa dignité, l'autre par son
infériorité, de toutes les charges qui l'aggravaient ;
on comprend qu'un nouvel ordre de choses, une
communauté plus réelle deviendra nécessaire.
En effet, la ruine de la classe moyenne étant con-
sommée, il faut bien que les affaires de la cité
soient faites par tout le monde, et que les charges
se répartissent du moment où ceux qui les sup-
portaient seuls ont succombé sous le faix.

XV. Aux efforts d'Honorius succèdent les efforts
de Théodose-le-Jeune : même tâche, même im-
puissance. C'est à lui qu'est due la légitimation
des enfants naturels offerts à la curie par leurs
parents [1]. Il restitua aux cités les biens dont Constantin les avait dépouillées [2] ; il rappela l'exécution
de plusieurs édits précédents et notamment de
ceux qui défendaient aux décurions de vendre
leurs biens sans autorisation, abolit les franchises
dont jouissaient les églises [3] et laissa aux cités la

---

[1] Si quis naturalem duntaxat fœcunditatem sortiatur, seu liber
ipse, seu curiæ sit nexibus obligatus : et tradendi filios naturales
vel omnes, vel quosquemve maluerit ejus civitatis curiæ undè ipse
oritur et in solidam hæredes scribendi liberam ei concedimus facultatem. L. 3, Cod., De natur. liber.

[2] Novell. Theodosii XXX.

[3] An fortè contumeliosum putandum est inventum contrà rationem nomen munerum sordidorum. Nov. Theod. XXI.

troisième partie des redevances *vectigalia* [1].
Majorien, qui avoue lui-même les maux dont les
cités étaient accablées [2], laissa un assez grand
nombre de décrets les concernant; mais avec lui
finissent les actes législatifs des empereurs d'Occident sur l'administration municipale, qui se
précipitaient, comme toutes les autres institutions, vers une ruine commune.

XVI. Dans l'empire d'Orient, les lois se succédèrent avec rapidité. Zénon l'Isaurien se mon-
tra favorable aux cités et restitua aux administrateurs locaux, *curatores*, les droits d'examiner
et de discuter les comptes des ouvrages entrepris
aux frais de la cité ou de quelque citoyen géné-
reux. C'était autrefois le proconsul qui examinait
ces comptes; déjà Théodose-le-Jeune avait défendu
d'en réclamer pour les ouvrages entrepris aux
frais des particuliers et dus à leur générosité [3];

[1] Exceptis his vectigalibus, quæ ad sacrum patrimonium nostrum
quocumque tempore pervenerunt, cœtera reipublicæ civitatum atque
ordinatum æstimatis dispendiis quæ pro publicis necessitatibus tole-
rare non desinunt, reserventur, cum duas portiones ærario nostro
conferri prisca institutio disposuerat, atque hanc tertiam jubemus in
ditione ordinum municipumque consistere. L. 13, Cod., De vectigalibus.

[2] Nunquam curiæ à rectoribus provinciarum generali condemna-
tione mulctentur. Cum utique hoc et æquitas suadeat et regula juris
antiqui, ut noxa tantum caput sequatur...., strenarum calendarum
et pulveratici nomine nihil à curialibus petatur... Omnis concussionum removeatur occasio. Nov. major. 1.

[3] Plinius, ep. X, 85, 86. — Theod. Jun., Nov. XI. Jubemus

Anastase confia à des officiers particuliers la perception des impôts jusqu'alors imposées aux décurions, et chose singulière, cette mesure est représentée par les historiens comme une aggravation de l'état misérable des cités. La classe des décurions dut au moins se trouver soulagée, à moins que l'oppression ne fût devenue assez générale et assez dure pour faire regretter même aux décurions, l'ancien ordre de choses. Justinien parle lui-même avec mépris de ces offices, *sub istos perditos conductores quos vindices vocant reducta curia* [1], et ce prince législateur dont on a beaucoup trop déprécié la gloire en le jugeant au point de vue de la science, quand il fallait le juger d'après l'état de son siècle, introduisit dans le droit municipal d'utiles innovations. Il étendit aux biens des cités le laps de temps nécessaire pour prescrire les biens des églises [2].

provinciarum quidem rectores.... discutiendis publicis operibus vel aquæductibus, qui ex civilibus reditibus, vel à quolibet spontanea munificentia facti sunt vel fuerint, modis omnibus abstinere... Cum hujusmodi rebus habere commune, utpote patribus civitatum et curæ eorum deputatis. L. 1, Cod., De ratiocin. op. publ.

1 Nov. XXXVIII, præf. — Nicephorus, XVI, 44.

2 Ut inter divinum publicumque jus et privata commoda competens discretio sit, sancimus, si quis aliquam reliquerit hæreditatem, vel legatum, vel fideicommissum, vel donationis titulo aliquid dederit, vel vendiderit sive sacrosanctis ecclesiis, sive.... Necnon jure civitatum, vel donatorum, vel relictorum, vel venditorum eis sit longæva exactio, nulla temporum solita præscriptione coarctandà. L. 23, Cod., De SS. eccles.

Les villes qui jouissaient du droit italique, furent soumises aux

Il augmenta le pouvoir des magistrats connus sous le nom de défenseurs de la cité[1]; il coordonna la législation particulière aux décurions, et en maintenant le principe de l'institution, il s'efforça d'en augmenter le nombre, dans le but, comme il le dit lui-même, d'alléger les charges qui pesaient sur eux, *nam quod in multitudinem deviditur onus insensibile prope modum fecit eis qui hoc sustinent*[2]; il perfectionna, compléta le mode de légitimation introduit par Théodose[3], et par une loi devenue célèbre, il renvoya dans la curie les prêtres et les clercs qui se livraient au jeu.

XVII. C'est du règne de Théodose au règne de Justinien, qu'il faut reporter l'intervention judiciaire et administrative des évêques, dans les procès particuliers et les affaires de la cité, et c'est surtout dans les constitutions de ce prince,

règles du domaine quiritaire, et par conséquent au mode d'acquisition connu sous le nom d'*usucapion*. Un principe formel en exceptait les biens de la cité : *usucapionem recipiant maximè res corporales exceptis rebus sacris sanctis publicis populi romani et civitatum.* Liv. 9, Dig., De usurp. et usucap.

Mais les autres cités, qui ne jouissaient pas du droit italique, se trouvaient soumises à l'exception de prescription introduite par le droit honoraire; de là cet autre principe : *viginti annorum præscriptio etiam adversus rempublicam prodest.* Paul, Recep. sent. V. 2, 4.

[1] ..... Defensores quos judicum officium complere in civitatibus volumus. Nov. XV, c. 5.

[2] Novell. XXXVIII, præf.

[3] Cod., De nat. lib., 1. 9. — Nov. LXXXIX, 2.

4 Sancimus neminem neque diaconum neque presbyterum, et

qu'on en trouve l'organisation complète. Cette intervention eut une grande influence dans les destinées du droit municipal, et entre le régime municipal romain et le régime municipal du moyen-âge, vint se placer un régime municipal ecclésiastique. La prépondérance du clergé dans les affaires de la cité, a succédé à celle des anciens magistrats municipaux et a précédé l'organisation des communes modernes [1].

D'abord admis comme arbitre, et seulement lorsqu'il est demandé par le vœu des parties, l'évêque devient l'aide, le tuteur des magistrats et magistrat lui-même [2]. Il est chargé de surveiller les magistrats [3], il poursuit les joueurs [4], remplace

nullo magis neque episcopum... audere de cætero et post divinam nostram legem aut cubicare (id est tesseris seu aleis ludere) quocumque aleæ genere, aut ludo : aut ità ludentibus communicare, aut conservari, aut unâ recreari, aut unâ cum eis agere, aut eis testimonium perhibere; aut interesse plebeiis hujusmodi spectaculis, quæ prius diximus, aut quid eorum, quæ in his prohibentur facere : sed omni ad illa participio in postremum abstinere....... Si verò et post excommunicationem inventus fuerit neque vera pœnitentia usus et manifeste ab adversario diabolo inexatus, ipsumquidem sacerdos sub quo degit sacris eximat catalogis.... Sed siquidem habeat facultates civitatis illius curia, in quâ consecratus est primùm, aut si non habet curiam, ea civitas alia curia provinciæ quæ maximè indiget curiali, accipiet illum in posterum curiæ cum suis facultatibus serviturum. L. 34, Cod., De episcop. audientiâ, §. 3.

[1] Guizot, Hist. de la civil. en Europe.

[2] Sozomenus 1, 9, 1. 7. — L. 8, Cod., De episc. audientiâ. — Valer., III. — Nov., XII.

[3] Cod., De episcop. aud., 1. 22.

[4] Cod., 1. 35, eod.

le président de la province quand il est absent et qu'il s'agit d'interrompre en justice une prescription [1] ; enfin, assisté de trois membres de la curie, il examine chaque année les travaux publics [2], discute les comptes de la cité. Il concourt avec les magistrats à la réception des cautions pour les tributs [3] ; veille à ce que les lieux publics ne soient pas occupés par ceux qui n'en n'ont pas le droit [4]; assiste à la nomination des tuteurs et au dépôt, dans les archives, des actes de nomination [5];

[1] Cod. , l. 31 , eod.

[2] De his quæ singulis annis ad civitates pertinent (sive civiles reditus sint, sive fructus ex publicis aut privatis pecuniis, quæ ab aliquibus eis aut relinquuntur, aut donantur, aut alio pacto excogitantur, aut instituuntur, sive ad opera, sive ad rem frumentariam , sive ad portus, sive ad murorum aut turrium ædificationem, sive ad pontium atque viarum refectionem , sive ad publicas denique causas pertineant) sancimus, ut in unum conveniunt religiosissimus episcopus ac tres bonæ existimationis et qui cæteris præstant in civitate ac singulis annis inspiciunt opera facta et curent, ut et metiantur et rationem conficiant, qui ea administrant, aut qui administraverunt, et in monumentorum gestione ostendant impletionem operum aut administrationem sitonicorum et balneariarum pecuniarum, sive quæ in viis muniendis , aut aquæductibus, aut aliis rebus consumuntur...... Omnia autem propositis sanctis evangeliis diligenter fiant ; nam inquisitionem nos cùm libuerit fieri jubebimus. L. 26 , Cod. , De episc. aud.

[3] *Ibid.*, §. 6.

[4] *Ibid.*, §. 4.

[5] Inst. de Attiliano tutore , §. 5, Cod.

Cùm autem factæ fuerint tutorum aut curatorum creationes, præsente etiam religiosissimo civitatis episcopo , in ipsis sanctissimæ ecclesiæ archiis deponi gesta sancimus. Cod. , L. 30, in fine de episc. aud.

enfin, choisit lui-même les curateurs de la cité [1].

XVIII. Mais les institutions de Justinien, en ce qui concerne le régime municipal, et ce que ses successeurs y ajoutèrent, ne tardèrent pas à disparaître. L'empereur Léon-le-Philosophe, le même qui abolit le consulat, abolit également le régime municipal. L'empereur a pris le soin d'expliquer les motifs de cette résolution ; ils sont au nombre de deux : 1° la gravité des charges qui pèsent sur les décurions ; 2° l'indépendance qui leur est attribuée dans le gouvernement de la cité. Maintenant, ajoute-t-il, que tout dans l'empire est confié à la sollicitude et à l'administration impériale, de telles institutions obstruent le sol des lois et doivent disparaître [2]; entre la loi de Camille, qui appelle les cérites à la cité romaine, et la loi de Léon-le-Philosophe, douze siècles s'étaient écoulés !

[1] ...... Sed civitatis sanctissimum episcopum et primates, necnon et ejus possessores constituere patrem civitatis et frumentarios, et alios hujusmodi dispensatores. Singulis autem annis impletis, sanctissimum episcopum cum quinque primatibus civitatis rationem exigere eos qui ab ipsis ordinati sunt.

[2] Quemadmodum ut quæcumque aliæ res in communis vitæ usum assumantur, ipsarum commoditas facit, et quæ utilitatem aliquam adferunt, magni facimus, quæ verò ad nihil conducunt contemnimus, sic omninò et ad legalium capitum compositionem nos accomodari oportebit, ut quarum usus aliquis sit, qui bono quopiam rempublicam beet, hæ necessario et ferantur et honorentur, quarum vero usurpatio aut nullius momenti aut mala sit, harum non modo non ratio habeatur, sed etiam ex legum corpore exemtæ rejiciantur.

Léon avait deviné juste, et tout oppressées qu'étaient les cités municipales, elles conservaient encore dans leur administration indépendante quelques éléments de liberté ; son instinct despotique le servait donc bien lorsqu'il bannit jusqu'à l'ombre de ce régime des provinces de son empire. En Occident il en a été autrement : l'empire est tombé avant le régime municipal, et de tous les éléments de la société romaine, celui-ci a seul survécu ; c'est ce germe fécond, long-temps caché sous la couche barbare, qui, au jour dit, s'est développé et a donné le premier essort à nos libertés communales. Le régime municipal, voilà ce qu'a légué à l'Europe moderne l'ancienne civilisation romaine [1].

Hæc idcircò dicimus quod inter veteres de decurionibus et curiis latas leges quædam gravia intolerabiliaque munera decurionibus injunxerint, curiis autem privilegium ut quosdam magistratus constituerent suâque auctoritate civitates gubernarent, præbuerint. Quæ nunc, eò quòd res civiles in alium statum transformatæ sint, omniaque ab unâ imperatoriæ majestatis sollicitudine atque administratione pendeant, tanquam incussum circa legale solum oberrent, nostro decreto illinc submoventur. Nov. Leonis XLVI. — V. Nov. XLVII, *ejusdem.*

[1] Guizot, Histoire de la civil. en Europe, p. 44 et 51.

CHAPITRE TROISIÈME.

I. **A** la tête de chaque ville municipale, on rencontre d'ordinaire une magistrature suprême dont les membres portent les noms de *duumvir, quatuorvir, dictateur, édile* ou *préteur.* Indépendamment de ces magistrats, on y trouve aussi des honneurs, *honores,* des fonctions publiques dont l'exercice est accompagné ou recommandé par une dignité qui manque aux autres charges [1]. Il importe de bien se fixer sur cette dernière distinction, et de ne pas confondre la magistrature et les fonctions qui n'attribuent aucun honneur. Il faut surtout se garder de confondre sous la dénomination commune de magistrats tous ceux qui, à des titres très-divers et avec un pouvoir très-différent, participent à l'administration municipale.

II. Considérés principalement sous le rapport de la dignité qu'ils confèrent, les honneurs ne sont jamais assimilés aux charges, quoique souvent ils les entraînent avec eux ; et, par conséquent,

---

[1] Honor municipalis est administratio reipublicæ cum dignitatis gradu, sive cum sumptu, sive sine erogatione contingens. L. 14, pr., D., De muneribus.

l'exercice d'une charge ne dispense pas de l'obligation d'accepter les honneurs, les magistratures de la cité [1].

III. Ceux qui ne peuvent être aggrégés à la curie [2], ceux qui, par l'effet d'une administration quelconque des affaires publiques, sont débiteurs envers la cité [3], et enfin, ceux qui n'ont pas atteint l'âge de 25 ans [4], ne peuvent parvenir aux honneurs. Ces honneurs municipaux sont, au surplus, propres aux décurions, et les plébéiens sont incapables d'y parvenir [5].

IV. Les causes qui en dispensent sont pourtant

[1] Cui muneris publicè vacatio data est, non remittitur ei, ne magistratus fiat, quia id ad honores magis quàm ad munera pertinet. L. 12, D., De muner.

[2] Infames personæ licet nullis honoribus, qui integræ dignitatis, hominibus deferri solent, uti possint, etc.

[3] Nisi prius in id quod debetur reipublicæ satisfecerint. Sed eos demùm debitores reipublicæ accipere debemus qui ex administratione reipublicæ relinquuntur. L. 6, §. 1, D., De muneribus.

[4] Ad rempublicam administrandam antè vicesimum quintum annum, vel ad munera, quæ non patrimonii sunt, vel honores, admitti minores non oportet; denique nec decuriones creantur, vel creati suffragium in curiâ ferunt. Annus autem vicesimus quintus cœptus pro pleno habetur. Hoc enim in honoribus favoris causâ constitutum est, ut pro plenis inchoatos accipiamus : sed in his honoribus, in quibus reipublicæ quid eis non committitur : cæterum cum damno publico honorem ei committi non est dicendum etiam cum ipsius pernicie minoris. L. 8, D., De muneribus.

[5] Is qui non sit decurio, duumviratu vel aliis honoribus fungi non potest; quia decurionum honoribus plebeii fungi prohibentur. L. 7, §. 2, D., De decurionibus. — V. aussi L. 2, §. 3, ibid. — L. 14, §. 3, D., De muneribus.

assez nombreuses, et plusieurs sont commandées par la force même des choses; ainsi, on excuse les sourds et muets[1], les vétérans[2], les commerçants sur les grains[3], les professeurs d'arts libéraux[4], les hommes à la suite des proconsuls[5]; la loi particulière de chaque cité peut aussi admettre des excuses locales[6]. Il est digne de remarque que la dignité de sénateur n'est pas une cause d'excuse[7].

Lorsqu'il ne se rencontre dans une ville aucune personne réunissant les conditions néces-

[1] Surdus et mutus si in totum non audiant aut non loquantur, ab honoribus civilibus non etiam à muneribus excusantur. L. 7, §. 1., D., De decurionibus.

[2] Veteranus ità demum onerum et munerum personalium vacatio jure conceditur, si post vicesimum annum militiæ quàm in legione vel vexillatione militaverint, honestam vel causariam missionem consecuti esse ostendatur..... L. 3, Cod., De his qui non impletis, etc.

Cùm ob provectæ ætatis senium sis demissus : honestam missionem consecutum te esse ambigi non potest, habebis itaque à civilibus muneribus necnon etiam de honoribus vacationem. L. 4, Cod., *ibid.*

[3] Paulus respondit, privilegium frumentariis negotiatoribus concessum etiam ad honores excusandos pertinere. L. 9, §. 1, D., De vac. et excus. munerum.

[4] L. 6, §. 8. D. De excusat. otto. de ædil. col. et mun. VI, p. 185.

[5] Comites præsidum et proconsulum procuratorumve Cæsaris, à muneribus vel honoribus et tutelis vacant. L. 12, §. 1, D., De vac. et excus.

[6] Legem quoque respici cujusque loci oportet. L. 5, §. 1, De immun.

[7] Municeps esse desinit senatoriam adeptus dignitatem quantùm ad munera; quantùm verò ad honorem retinere creditur originem. L. 23, D., Ad municip.

saires pour parvenir aux honneurs, on y admet ceux que leur état ou les causes que nous venons d'énumérer en excluaient, à l'exception des impubères, qui, sous aucun prétexte, ne peuvent y être appelés [1].

V. On choisit d'ordinaire les décurions riches [2], soit parce que ces honneurs entraînent avec eux de grandes dépenses, soit afin que la responsabilité devienne plus efficace, et que leur fortune personnelle répare le mal qu'ils occasionneraient à la république. La même personne ne peut être coutumée indéfiniment en charge ; elle doit cesser à l'expiration du temps fixé, et elle ne peut être appelée au même honneur qu'après cinq années, et à un honneur d'une autre espèce qu'après trois années écoulées [3]. Cette règle ne

---

[1] Quoties penuria est eorum, qui magistratum suscipiunt, immunitas ad aliquid infringitur.

Impuberes quamvis necessitas penuriæ hominem cogat, ad honores non esse admittendos rescriptio ad Benidium Rufum legatum Ceciliæ declaretur. L. 2, §. 1., D., De jur. immun.

[2] Cæterum si itâ quidem tenues et exhausti sunt ut non modò publicis honoribus pares non sint, sed vix de suo sustinere victum possint, et minus utile et nequaquam honestum est talibus mandare magistratum. L. 6, princ., D., De muneribus.

De honoribus sive muneribus gerendis cum quæritur in primis consideranda persona est ejus cui defertur honor, sive muneris administratio ; item origo natalium facultates quoque, an sufficere injuncto muneri possint. L. 14, D., ibid.

[3] Ab honoribus ad eosdem quinquennis datur vacatio triennis verò ad alios. L. 2, Cod., De mun. et hon.

Divus Severus rescripsit, intervalla temporum in continuendis

reçoit exception qu'en cas d'insuffisance dans le nombre des personnes qui sont appelées à les recueillir [1]. On monte en général et par degré d'un honneur inférieur à un honneur plus grand, mais on ne redescend pas d'un honneur supérieur à un inférieur [2]. C'est d'ordinaire un motif pour être exempt d'une charge que d'être dans les honneurs, mais l'exercice actuel d'une charge n'est point un motif pour repousser l'honneur auquel on est appelé [3]. Nul ne peut être appelé à exercer des honneurs dans deux cités à la fois. On comprend qu'une pareille exception a dû être commandée par la nature même des choses [4].

VI. On ne peut se rédimer par de l'argent de

oneribus, invitis non etiam volentibus concessa, dùm ne quis continuet honorem. L. 18, D., Ad municip.

[1] Si alii non sint qui honores gerant, eosdem compellendos qui gesserint complurimis constitutionibus cavetur. L. 14, D., De mun. et hon., §. 6.

[2] Ut gradatim honores deferantur, edicto, et ut à minoribus ad majores perveniatur epistolâ divi Pii ad Titianum exprimitur. L. 11, D., princ., De munerib.

..... Neque prius majorem magistratum quisquam, nisi minorem susceperit, gerere potest. L. 14, §. 5, *ibid.*

Majoribus honoribus functos ad minores devocari non oportere rationis est. L. 2, Quemadmod. civ. mun.

[3] Honorem sustinenti munus imponi non potest, munus sustinenti honor deferri potest. L. 10, D., De mun. et hon.

[4] Sed eodem tempore non sunt honores in duabus civitatibus ab eodem gerendi, cùm simul igitur utrabique deferuntur, potior est originis causa. L. 17, D., Ad municip.

On trouve cependant quelques citoyens investis des magistratures à Rome, et en même temps revêtus des honneurs municipaux. Cic.

l'obligation d'accepter les honneurs de la cité [1]; mais on est en droit de se plaindre d'une nomination injuste, et de désigner celui qui devait y être appelé [2] de préférence.

Comme une conséquence de cette stricte obligation, qui pèse sur les décurions et les contraint de remplir tous les devoirs de leur état, le président de la province les oblige, sur leurs biens personnels, de remplir leurs offices absolument comme on y contraint les tuteurs, *captis pignoribus* [3].

VII. Les magistrats suprêmes de chaque cité sont annuels et ordinairement ils portent le nom de *duumvir*. Ils sont nommés, ainsi que nous l'avons déjà dit, par la curie ; cette élection doit avoir lieu trois mois avant l'époque fixée pour leur entrée en exercice, afin que la cité ne souffre aucun retard ni aucun préjudice, dans le cas où

pro Milone, c. 10. Mais on peut répondre qu'il n'y a pas dérogation à ce principe, car les magistratures romaines n'étaient point les honneurs municipaux de Rome, mais bien de toute la république, et ainsi le même citoyen n'était pas appelé aux honneurs de deux cités.

[1] Æstimationem honoris aut muneris in pecuniâ pro administratione offerentes audiendi non sunt. L. 16, princ., D., De mun.

Cùm quidam ne honoribus fungeretur, opus promisisset, honores subire cogendum quàm operis instructionem divus Antoninus rescripsit. L. 12, §. 1, D., De pollicit.

[2] Si ipse vocatus ad munera civilia potiorem alium nominandum putaveris, age causam tuam. L. un., c. De potior. ad. mun.

[3] Si quis magistratus in municipio creatus munere injuncto fungi detrectet, per præsides munus agnoscere cogendus est remediis, quibus tutores quoque solent cogi ad munus, quod injunctum est, agnoscendum. L. 9, D., De muner.

cette nomination deviendrait sans effet par suite de quelque excuse ou de quelque exclusion [1].

VIII. Il faut distinguer, dans les fonctions de duumvir, l'administration de la cité et la juridiction ou pouvoir judiciaire qui leur est accordé. Leur concours à l'administration municipale se révélait par la présidence de la curie, la célébration des jeux, la répartition des charges[2], le droit qu'ils avaient de contracter au nom de la cité.

IX. Quant à leur juridiction, elle a donné lieu à quelques difficultés parmi les érudits. On comprend qu'elle a dû varier, et que, suivant les époques, elle se présente avec un aspect différent; quelques auteurs ont pensé qu'elle était originairement fort restreinte[3], qu'elle reçut de l'extension sous l'empire; d'autres, au contraire, ont adopté

[1] Decuriones ad magistratum, vel exactionem annonarum, ante tres menses, vel amplius nominari debent, ut, si quærimonio eorum justa videatur, sine impedimento in locum alius subrogatur. L. 1, Cod., De magistr. municip. — L. 28, Cod. Theod., De decur.

[2] Toutes les fois qu'il est question de la présence du magistrat romain dans la curie, il est représenté comme assistant et non comme président de cette assemblée. L. 2, Cod., De decur. — L. 1, §. 4, D., Quandò appellandum.

Circensium magistratus desertores, ad eum gravitas tua faciat necessitatem conditionis urgeri ut quascumque pro his expensas civitas prorogaverat refundere protinùs ac repræsentare cogantur. L. 20, Cod., De decur. — L. 4, Cod. Theod., De spectaculis. — L. 15, §. 5, De inj., D.

In duumviros et rempublicam etiam post annum actio datur ex contractu magistratuum municipalium. L. 35, §. 1, D., De obl. et act.

[3] Roth., De re municipal. rom., p. 24 et 91.

une opinion opposée. On nous permettra, sur ce point assez délicat, de suivre et d'exposer le système établi par M. de Savigny, avec le soin, et, par conséquent, avec toute l'autorité que commandent ses opinions. Cet auteur établit d'abord une distinction entre l'Italie et les provinces; c'est en Italie, suivant lui, qu'était la juridiction complète, ordinaire, des duumvirs. Les villes de provinces, au temps de l'empire, n'avaient aucune magistrature semblable, embrassant tout à la fois l'administration de la cité, la présidence du sénat et l'autorité judiciaire ; seulement, et par une exception qui confirme la règle, certaines villes de province jouissaient du *jus italicum;* et, par conséquent, elles avaient, suivant ce que nous avons déjà dit plus haut, les mêmes magistrats, *duumviri, quinquennales, œdiles,* que les cités italiennes[1].

X. Ceci posé, et s'occupant d'abord des cités italiennes, le savant historien du droit romain établit : 1° que dans l'origine, la juridiction des duumvirs n'était pas limitée: 2° que plus tard, et lorsque perdant peu-à-peu de ses priviléges, l'Italie fut presque assimilée aux provinces et soumise à des gouverneurs impériaux, cette juridiction fut limitée; 3° que dans la complète organisation de l'empire, les duumvirs jugèrent, en première instance, les affaires ordinaires ; l'appel se portait au lieutenant impérial; ce dernier jugeait aussi

---

[1] Voyez plus haut, page , l'opinion de M. Giraut.

en première instance, les affaires réservées, telles
que les différends entre plusieurs villes ou entre
les différentes autorités d'une même ville, et
toutes les affaires qui s'élevaient au-dessus d'une
certaine somme. Au commencement de l'empire,
à l'époque où fut promulguée la loi de la Gaule
cisalpine, le duumvir eut certainement un tribunal et ce commandement, cette partie de la puissance publique que les Romains désignaient sous
le nom d'*imperium*.

Mais à l'époque de la jurisprudence classique,
au temps de Paul, ce pouvoir est déchu. Les
magistrats municipaux ont, sans contredit, une
juridiction ; mais leur compétence est limitée à
une certaine somme, quoiqu'il soit libre aux parties de la proroger. Ils sont appelés *magistratus
minores*, ils n'ont ni *imperium* ni *potestas*, ils
peuvent être attaqués en justice pendant la durée
de leurs fonctions, et ils n'ont pas, comme les
magistrats supérieurs, le pouvoir de punir ceux
qui méconnaissent leur juridiction ; toutefois, le
droit d'amende et d'autoriser la *pignoris capio*,
qui n'est qu'une amende d'une espèce particulière, leur est conservé; la nomination des tuteurs
leur appartient, mais ils n'ont pas de tribunal.

Quant à la juridiction criminelle, elle était
déjà restreinte au commencement de l'empire, et
à l'époque dont nous nous occupons, elle est
tellement réduite, qu'ils ne peuvent infliger,

même aux esclaves , que de légers châtiments ; à l'égard des hommes libres , ils peuvent seulement les faire arrêter et conduire en prison ; ils font conduire les fugitifs, arrêtés sur leur territoire , au proconsul.

Pour les temps postérieurs, les renseignements manquent ; mais la juridiction municipale se présente toujours comme pouvoir subordonné , comme tribunal de première instance.

XI. La seconde magistrature des cités d'Italie est celle des préfets remplaçant le duumvir ; ils ont les mêmes attributions dans les cités qui , de leur présence , prennent le nom de *préfectures,* et ils sont renouvelés tous les ans.

Il est une remarque à faire , c'est que les magistrats municipaux sont appelés à exercer tous les actes de juridiction que le proconsul juge convenable de leur déléguer[1]. Enfin , le pouvoir de

---

[1] Cùm res damni infecti celeritatem desiderat, et periculosa dilatio prætori videtur , si ex hâc causâ sibi jurisdictionem reservaret, magistratibus municipalibus delegandum hoc rectè putabit. **L. 1 , D. ,** Dam. infect.

Dies cautioni præstiturus si finietur, prætoris vel præsidis officium erit, ex causâ vel reum notare vel proletare eum, et si hoc localem exigit inquisitionem ad magistratus municipales hoc remittere.

Duas ergò res magistratibus municipalibus prætor vel præses injunxit cautionem et possessionem. Cætera suæ juridictioni reservavit. **L. 4 ,** *id.* , princ. et §. 3.

Hæres per magistratus municipales ex auctoritate præsidis , fideicommissario postulante , hæreditatem adire et restituere compellitur. Paul. , Sent. IV, 5, 2.

ces magistrats était circonscrit dans l'enceinte de la cité et expirait aux limites de son territoire [1].

XII. Les édiles sont, dans quelques villes, les magistrats suprêmes, et remplacent les duumvirs avec les mêmes attributions ; ordinairement ils constituent une magistrature différente et inférieure [2] ; c'est à eux qu'appartient principalement le soin des édifices et des voies publiques, des bains [3] ; ils célèbrent les jeux comme les autres magistrats [4] et fournissent du blé aux habitants [5] ; c'est aussi à eux qu'appartient la surveillance des poids et des mesures dans l'intérêt de la sincérité du commerce [6], et quoiqu'ils n'aient aucune juridiction, ils ont une sorte de droit de correction, de pouvoir municipal qui va jusqu'à faire

---

[1] Duumvirum impunè non liceat extollere potestatem fascium extrà metas territorii propriæ civitatis. L. 53, D., De decurion. — V. L. 1, §. 10, De magistr. conv. — L. 3, De tut. et cur. dat., D.

[2] Cic. ad div., XIII, II.

[3] Ædilis in municipio balneas conduxerat ut eo anno municipes gratis lavarentur. L. 30, §. 1, D., Locati conducti. — Plutarque, Quæst. nat. IV, 10.

[4] Inscription rapportée par Fabretti, 11, 220, IX, 368. — Juvénal, Sat. III, 173 et suiv.

[5] Ideò condemnatus quod arctiorem annonam ædilitatis tempore præbuit frumentariæ pecuniæ debitor non videbitur et ideò compensationem habebit. L. 17, D., De compens.

[6] Si quis mensuras conduxerit easque magistratus frangi jusserit, siquidem exiguæ fuerint, Sabinus distinguit, utrum sciat conductor, an non : si scit, esse ex locato actionem, si minus non : quod si æquæ sunt, ità demùm eum teneri si culpa ejus id fecit ædilis. L. 13, §. 8, D., Locati conducti.

frapper de verges le marchand de choses usuelles,
utensilia, de provisions , pris en fraude [1]. Ils
frappent aussi d'une amende, les propriétaires de
maisons qui, après une injonction de leur part,
refusent de les réparer. Les devoirs des édiles
municipaux sont retracés dans un passage remarquable de Papinien , dont nous allons essayer de
donner la traduction au lecteur [2].

Que les édiles veillent , dit le célèbre jurisconsulte, à ce que les chemins répondent à l'importance des cités, à ce que l'écoulement des eaux
ne nuise pas aux maisons , et à ce qu'il y ait des
ponts établis partout où il est utile d'en établir ;
qu'ils veillent à ce que ni les murailles de leurs

---

[1] Eos qui utensilia negotiantur et vendunt , licet ab ædibus cæ-
dantur non oportet quasi viles personas negligi. Denique non sunt
prohibiti hujusmodi homines decurionatum vel aliquem honorem in
suâ patriâ petere , nec enim infames sunt. Sed ne quidem arcentur
qui ab ædibus flagellis cæsi sunt , quanquàm jure suo ædiles officio
isto fungantur. L. 12 , D. , De decur.

[2] Ædiles studeant , ut quæ secundum civitates sunt viæ adæquen-
tur et effluxiones non noceant domibus , et pontes fiant ubicumque
oportet. §. 1. — Studeant etiam ne eorum aut aliorum parietes
etiam domorum qui ad vias ducunt, sint caduci, sed ut oportet emun-
dent domini domorum et construant. Si autem non emundaverint ,
neque construxerint , multent eos , quousque firmos effecerint. §. 2.
— Curent autem ut nullus effodiat vias, neque subruat ; neque construat in viis aliquid. Si autem servus quidem fuerit, ab obviante fus-
tigetur ; si liber, demonstretur ædilibus ; ædiles autem multent secundùm legem , et quod factum est dissolvant. §. 3. — Construat autem
vias publicas unusquisque secundùm propriam domum et aquæductus purget qui sub dio sunt , et construat ità , ut non prohibeatur ve-

maisons, ni celles des maisons qui bordent la voie publique ne menacent ruine, et qu'ils obligent les propriétaires à les nettoyer et à les reconstruire ; que s'ils s'y refusent, les édiles les frappent d'une amende jusqu'à ce que la réparation soit faite ; qu'ils veillent à ce que nul ne fasse des fouilles ou des constructions sur la voie publique. Si le contrevenant est un esclave, le premier qui le rencontrera le frappera du bâton; si c'est un homme libre, il sera dénoncé aux édiles qui le frapperont d'une amende conformément à la loi, et feront détruire ce qui aura été fait. Que chacun établisse la voie publique devant sa maison, et fasse nettoyer les aqueducs à ciel ouvert qui reçoivent les eaux, qu'il le fasse de manière à ne pas gêner la circulation des voitures. Ceux qui habitent à loyer doivent, à défaut du propriétaire, remplir cette obligation, et ils retiendront la dépense sur leur loyer; que les édiles veillent à ce qu'il ne soit rien exposé ou jeté au-devant des boutiques, à l'exception, toutefois, des vêtements que le foulon étendrait, ou d'un char que le maréchal rac-

hiculum transire. Quicumque autem mercede habitant, si non construat dominus, ipsi construentes computent dispendium in mercedem. §. 4. — Studeant autem, ut antè officinas nihil projectum sit vel præpositum, præterquam si fullo vestimenta siccet, aut faber currus exterius ponat. Ponant autem et hi ut non prohibeant vehiculum ire. §. 5. — Non permittunt autem rixari in viis, neque stercora projicere, neque morticina, neque pelles jacere. **L.** un. , **D.** , De viâ publ. et si quid.

commoderait, et que ceux-ci fassent en sorte que la circulation n'en soit point interrompue; qu'ils préviennent les rixes sur les chemins, qu'ils n'y permettent ni le jet ni les dépôts d'ordures, de peaux ou de cadavres d'animaux.

XIII. Avec des attributions presque identiques, vient ensuite le *curateur de la république*, magistrat également chargé du soin des édifices et des bains publics; mais sa principale attribution est de veiller sur le patrimoine de la cité, — dont il est appelé le père, *pater civitatis* [1]; aussi, il loue les immeubles publics [2], revendique ceux qui ont été usurpés [3], règle le compte des travaux publics [4], et il a sous sa surveillance les esclaves chargés du soin de prêter l'argent de la république, de régler les comptes du domaine [5], et de stipuler

[1] Patres civitatum fieri...... L. 12, Cod, De hæreticis.

...... Ad curatoris reipublicæ officium spectat, ut dirutæ domus à dominis extruantur. L. 46, princ., D., De damno infecto.

Etsi ei locorum publicorum procuratio data est, concessio tamen data non est. L. 3, §. 5, D., Quod vi aut alam.

[2] Prædium publicum in quinque annos, idonea cautione non exacta, curator reipublicæ locavit. L. 3, §. 1, D., De administrat. rerum ad civit.

[3] Item rescripserunt, agros reipublicæ retrahere curatorem civitatis debere; licet à bonæ fidei emtoribus possideantur cùm possint ad auctores suos recurrere.

[4] L. 1, Cod., De ratioci. op. publ., suprà p.

[5] L. 1, Cod., Ne quis lib. invit. — L. un., Cod., De salut. et lib. debit. civit.

Cura patris civitatis apud idoneos, vel dominos rusticorum præ-

pour elle; il est préposé à l'arsenal de la cité [1].
Le curateur n'a aucune juridiction, ni aucun *imperium*; il ne peut infliger aucune amende [2].

Toutes ces attributions supposent une magistrature permanente, car elles supposent une activité et une surveillance de tous les jours. Cependant, M. de Savigny pense que le *curator, censor* ou *quinquennalis*, expressions qu'il croit synonymes, était un magistrat annuel nommé tous les cinq ans, et dont la charge restait vacante pendant quatre années. Alors, il fallait que ses attributions passassent à d'autres magistrats, ou que dans les cités qui se gouvernaient ainsi, le censor ou curator n'eût plus toutes ses attributions ou les eût cumulativement avec eux pendant sa magistrature [3].

diorum pecunia collocanda est. L. 2, in fin., De debit. civit. — L. 9, §. 9, D., De admin. rer. ad civit. pert.

Si is, qui bona reipublicæ administrat, mutuam pecuniam pro eâ accipiat, potest rem ejus obligare. L. 11, princ., D., De pignor.

Item rescripserunt, curatores, si negligenter in distrahendis bonis se gesserint, in simplum teneri; si per fraudem, in duplum, nec ad hæredes eorum pœnam descendere.

[1] Hoc quoque custodiant qui in ballistariis deputati sunt, periculo patrum civitatum sub quibus et ipsos ballistarios statuimus, et publicorum armentorum, diligentiam atque custodiam constituimus. Nov. 85, c. 2.

[2] Curator reipublicæ qui græco vocabulo logista nuncupatur, multandi jus non habet. L. 3, Cod., De modo mult.

[3] Ce n'est pas une chose qui répugne au droit municipal des Romains, que de supposer les mêmes attributions confiées à divers

Voici, au surplus, comment cet auteur établit son système [1] :

» Une autre magistrature municipale est celle
» du censor, curator ou quinquennalis, expres-
» sions que je regarde comme synonymes et dé-
» signant un même emploi, dont le nom change
» suivant les rangs et les localités. En Italie, les
» inscriptions nous montrent le nom du censor;
» on le trouve plus souvent dans les provinces;
» curator est le plus usité des trois; cette charge
» répond à la censure de Rome, en y ajoutant
» peut-être quelques-unes des fonctions du ques-
» teur. Le curator avait l'inspection des édifices
» et des travaux publics; il affermait les im-
» meubles de la cité et administrait ses revenus
» dans les constitutions; il est nommé avant les
» magistrats, avant le duumvir. Pour être cura-
» tor, il faut avoir passé par tous les emplois, ce
» qui est, comme à Rome, le caractère de la ma-
» gistrature suprême. Une constitution semble,
» il est vrai, prêter des doutes sur ce point. Dans
» l'origine, il était permis de faire l'insinuation
» des donations en présence du curator. Plus
» tard on le défendit, *ne tanta res eorum conce-*
» *dat vilitati;* c'est-à-dire, au premier abord,

magistrats, et la remarque en a été faite par Roth, not. 156, p. 96.
Verùm in jure municipali sæpissimè videmus diversis magistratibus
eamdem curam tribui.

[1] Pages 56 et 1, de la traduction française, tom. 1ᵉʳ.

» parce qu'ils étaient au-dessous d'une fonction
» aussi importante. Mais une semblable interpré-
» tation contredit tout ce que nous avons vu
» jusqu'ici ; et d'ailleurs , l'insinuation d'une do-
» nation ne présente ni grandeur ni importance.
» Aussi *tanta res* ne se rapporte pas aux dona-
» tions, mais aux fonctions de curateur , et *vili-*
» *tas* au lieu de s'appliquer à la charge elle-même,
» ne s'applique qu'à la cupidité des fonction-
» naires. L'insinuation des donations qu'ils re-
» cherchaient par avidité à cause du salaire, leur
» est interdite , afin qu'ils ne négligent pas les
» parties plus importantes de leur emploi.

» Le caractère des quinquennales a été surtout
» méconnu ; ces magistrats portaient tantôt le
» nom de duumvir, tantôt celui de quatuorvir ;
» ils étaient identiques aux duumvirs, et ceux-ci
» prenaient le nom de quinquennales dans les
» villes où la magistrature suprême durait cinq
» années, au lieu d'une suivant l'usage. Ce ne
» pouvait non plus être une magistrature censo-
» riale, car l'empereur était quelquefois quin-
» quennale d'un municipe , circonstance qui re-
» pousse toute idée d'une magistrature inférieure,
» telle que la censure l'était devenue à Rome et
» dans les municipes. Mais cette supposition est
» sans fondement ; on ne peut établir aucune
» comparaison immédiate entre le consul et le
» censeur à Rome ; ils ne sont pas collègues , ils

» ont des auspices différents. Si cependant on
» voulait subordonner l'un à l'autre, le censeur
» passerait avant le consul ; car il fallait avoir été
» consul pour parvenir à la censure, dernier de-
» gré des dignités légales.

» On peut aisément prouver que le quinquen-
» nale était distinct du magistrat suprême, du
» duumvir consulaire, *duumvir jure dicundo ;*
» en effet, on voit dans quelques inscriptions les
» deux titres de *duumvir* et de *quinquennale* don-
» nés à la même personne. Un des documents de
» Mauni nous montre dans le même acte, par
» conséquent dans la même ville, un quinquen-
» nale à côté des magistrats..... Les *quinquen-*
» *nales* étant nommés pour un an, leur charge
» restait vacante pendant les quatre autres an-
» nées, ce qui explique pourquoi ils sont plus
» rarement nommés que les autres magistrats.
» Les quinquennales devaient, concurremment
» avec les duumvirs, garantir aux médecins et
» aux professeurs l'exemption des charges mu-
» nicipales. On voit dans un document de la fin
» du cinquième siècle, la même personne réu-
» nir les titres de quinquennale et de duumvir. »

XIV. Telle était l'ancienne organisation municipale ; toute proportion gardée, on y retrouve
l'image de l'organisation de Rome, les consuls
dans les duumvirs, les édiles dans les magistrats
du même nom et les questeurs dans les curateurs ;

mais lorsque tout eut dégénéré sous l'empire, que toute institution eut vieilli, il fallut une magistrature de protection pour le peuple et les magistrats eux-mêmes ; alors apparurent, d'une manière permanente, les défenseurs de la cité.

XV. Cette création, dont la date précise n'est pas connue, remonte au plus tôt à la première moitié du quatrième siècle ; c'est en 365 qu'on voit cette charge transformée en magistrature. Auparavant, on trouve le nom de *defensor* plusieurs fois mentionné ; mais il désigne toujours une charge, un mandat temporaire donné pour une affaire de la cité [1], et il est employé comme synonyme des mots *syndicus actor*, etc. ; mais à l'époque que nous venons de signaler, les défenseurs de la cité sont des magistrats permanents et importants ; ils ont, avec les tribuns du peuple à Rome, une sorte d'affinité ; protecteurs du peuple, c'est, ainsi que nous le verrons, au peuple lui-même qu'ils doivent leur nomination. Leur principale mission est de protéger le peuple contre les exactions et les violences des proconsuls [2], de mettre

[1] Avant le règne de Valentinien-l'Ancien, qui adressa deux lettres à Sénèque, défenseur (L. Vim, Cod. Theod., De his quæ administrantibus, et L. 7, C., De defens. civit.), on ne trouve aucune mention des défenseurs ; et toutes les fois qu'il en est question, il s'agit de procureurs, d'agents de la république. V. L. 1, §. 13, D., Quandò ad pell. — L. 1, §. De muner. — L. 16, §. 3, D., eod. — L. 18, eod., §. 13. — L. 1, Cod., De jure re:publ.

[2] In defensoribus universarum provinciarum erit administrationis hæc forma, et tempus quinquennii spatio metiendum : scilicet ut im-

les pauvres habitants des campagnes à l'abri des
vexations de toutes sortes qui marquèrent toutes
les époques de l'administration romaine. En
conséquence, ils ont le dangereux pouvoir de signaler aux préfets du prétoire les atteintes por-
tées à la loi, et d'en demander la répression [1].

primis parentis vicem plebi exhibeas, descriptionibus rusticos urba-
nosque non patiaris adfligi ; officialium insolentiæ et judicum pro-
cacitati (salva reverentia pudoris) occurras ; ingrediendi, cùm voles
ad judicem liberam habeas facultatem.

Superexigendi damna vel spolia plus petentium ab his quos liberorum loco tueri debes excludas : nec patiaris quidquam ultrà dele-
gationem solitam ab his exigi, quos certum est, nisi tali remedio
non posse reparari. L. 4, Cod., De defensorib. civit.

Jubemus cura et solertia defensorum minimè possessores majoribus mensuris ac ponderibus à susceptoribus pœrgravari, sed eos deprehensos ad judicium dirigi cum ipso commissæ fraudis indicio. L.
6, *ibid.*

Susceptores præsentibus defensoribus et modum jugationis possessorum et species singulas vel earum numerum quantitatemque des-
cribant. L. 10., Cod., De susceptor.

V. Godefroy sur : L. 23, Cod. Theod., De susceptor. — L. 12,
Cod. Theod., De exact.

Utili ratione respectum est, ut innocens et quieta rusticitas, pe-
culiaris patrocinii, id est, defensoris locorum beneficio perfruatur, et
apud eum in pecuniariis causis litigandi habeat facultatem. L. 3,
Cod., De defensoribus.

Defensores nihil sibi insolenter, nihil indebitum vindicantes nominis sui tantùm fungantur officio. Nullas infligant multas. Sæviores
non exerceant quæstiones. Plebem vel decuriones ab omni improbo-
rum insolentiâ, et temeritate tueantur : ut id tantùm, quod esse dicuntur, esse non desinant. L. 15, *ibid.*

Ipsi particulariter removentes ea quæ vim patientibus inferuntur
aut dubitationes solventes.

[1] Quod si quid, à quâlibet personâ contrà publicam disciplinam

XVI. On a loué les empereurs d'avoir ainsi accordé une protection aux communes et aux sujets de l'empire. Sans aucun doute, une partie de l'éloge est mérité; mais n'est-il pas déplorable que le remède ait été nécessaire. L'idée d'un magistrat emporte parmi nous l'idée d'un pouvoir de protection, d'un pouvoir modérateur, et rien n'est plus étrange que cette nécessité d'organiser une magistrature contre les violences des magistrats, une protection contre ceux-là même qui ne devaient être que les protecteurs du peuple et les ministres de la loi. Rien ne caractérise mieux, à notre avis, l'effroyable désordre qui, sous le calme apparent et malgré la magnifique ordonnance de l'administration impériale, régnait dans la société romaine, que l'apparition des défenseurs de la cité.

XVII. Ces magistrats avaient en outre une juridiction civile et criminelle. La juridiction civile s'étendait dans le principe jusqu'à 50 sols[1]; Justinien la porta à 300, et leur donna trois officiers, un *exceptor* et deux *officiales*[2]; l'appel de leurs

in læsionem possessorum fieri cognoverint defensores, referendi habeant potestatem ad illustres et magnificos præfectos prætoriis, etc. L. 8, §. 1, Cod., De defens.

[1] Si quis de tenuioribus ac minusculariis rebus interpellandum te esse crediderit, in minoribus causis usque ad quinquaginta solidorum summam..... L. 1, Cod., eod. Defensores nihil sibi insolenter, nihil indebitum vindicantes, nominis sui tantùm fungantur officio nullas infligant multas.

[2] Ut unâquâque civitate defensor judex potius quàm defensor vi-

jugements était porté devant le lieutenant impérial [1], et ils nommaient les tuteurs ; toutefois,
ils ne pouvaient infliger des amendes [2].

XVIII. Une autre partie de la juridiction des
défenseurs de la cité, demande à être bien expli-
quée, parce qu'elle sert à reconnaître plus tard
les traces de l'organisation municipale dans les
villes soumises à la domination barbare ; cette
juridiction connue, dans le droit, sous le nom de
juridiction volontaire, comprend deux classes
d'affaires entièrement distinctes : les actes so-
lennels de l'ancien droit et les actes de la procédure nouvelle. La première classe, regardée
comme supérieure, est restée dans les attributions des magistrats du peuple romain ; ils excé-
daient, en général, la compétence des magistrats
municipaux qui n'étaient admis à y présider que
par exception, seulement en certains cas, les défenseurs n'y participaient jamais [3].

deatur... Et absolutè judicum obtinere ordinem , et maximè quandò
absunt, ut, absentibus præsidibus gentium, nihil videatur deesse civitatibus sub illorum præsentiâ...Et judicari in causis omnibus pecuniariis
neque ad aureos trecentos , non valentibus nostris subjectis trahere
sibimet obligatos ad clarissimos præsides provinciarum , si usque ad
prædictam trecentorum solidorum quantitatem lisconsistat. Nov.
XV, princ. , cap. 3, §. 1. — C. 3, §. 2.

[1] Et à defensoribus appellationes ad ipsos fieri judices (provinciæ).

[2] V. suprà, Inst., §. 5, De Attilian. tutor. — L. 30, Cod.,
De episcopali audientiâ.

[3] Godefroy sur la loi 7, Cod. , De defensor. N. A. Apud defensores actu edebantur etiam adversùs potentiores , quâ de causâ et ar-

Il en fut autrement de la procédure nouvelle introduite sous les empereurs: on s'habitua à faire transcrire les actes sur des registres et à faire ces transcriptions solennellement en présence de l'autorité. On peut voir dans les traités du droit civil, les actes assujettis à ces transcriptions ; nous mentionnerons, comme nécessaires à l'intelligence de l'objet de nos recherches, les donations et les testaments, pour leur confection et pour leur ouverture. Pour recevoir ces actes et ceux qui se rattachaient à ceux-ci, il fallait un magistrat : d'abord, on s'adressa au lieutenant de la province ; mais il était plus commode et aussi sûr de s'adresser à la curie représentée par trois de ses membres. Les défenseurs jouissaient aussi du droit de recevoir ces actes [1] ; on remarque, d'ailleurs, que plusieurs magistrats paraissent avoir eu cette attribution qui a été expressément enlevée aux curateurs, ainsi que nous avons eu occasion de le dire plus haut [2].

En matière criminelle, ils sont chargés de faire arrêter, de détenir en prison et d'envoyer devant le préfet de l'empereur les prévenus d'un crime

---

chivum habebant, sive scrinium et scriniarium unum et exceptorem et officiales duos. Apud eum nemo emancipabatur aut manu mittebatur hæc enim judices exigunt, apud quos sit legis actio ideòque de his actu non conficiebant. V. Cujas ad Nov. XV, in fin.

[1] Et agi apud defensores testamentorum insinuationem et donationum et quidquid aliud est monumentorum proprium. Nov. XV.

[2] V. sup. p. 84.

grave; ils peuvent de plus instruire, juger eux-
mêmes les délits d'une faible importance et infliger un châtiment proportionné [1].

XIX. Comme toute institution qui prend faveur, les défenseurs, après avoir été simplement
chargés de la protection des particuliers, reçurent
successivement des attributions nouvelles, et finirent par attirer à eux une partie des attributions
des anciens magistrats : suivant quelques auteurs,
ils en reçurent que jamais ces magistrats n'ont
eues [2]; suivant d'autres, au contraire, ils ne devaient que suppléer les magistrats [3]. Quoique ce
soit des discussions qui appartiennent à l'archéologie du droit, il paraît certain que, sous Justinien, les défenseurs de la cité marchaient en quel-

[1] Audient quoque leviora crimina et castigationi competenti tra-
dent et eos qui in majoribus criminibus capiuntur, detrudent in car-
cerem et mittent ad provinciæ præsidem. Nov. XV, c. 6, §. 1.

Per omnes regiones in quibus fera et periculi sui nescia latronum
fervet insania, probatissimi quique et districtissimi defensores adsit
disciplinæ, et quotidianis actibus præsint qui non sinant crimina
impunita coalescere removeant patrocinia, quæ favorem reis, et
auxilium scelerosis impartiendo maturari scelera fecerunt. L. 6,
Cod., De def. civit.

Defensores civitatum oblatos sibi reos in ipso latrocinio, vel con-
gressæ violentiæ, aut perpetrato homicidio, aut stupro, vel raptu, vel
adulterio deprehensos, et actis publicis sibi traditos expresso crimi-
ne cum his à quibus fuerint accusati, mox sub idonea persecutione ad
judicium dirigant. L. 7, *ibid.*

V. L. 22, princ., Cod., De episcopali audientiâ. — L. 6, princ.,
Cod., De reor.

[2] Roth, p. 104.

[3] Savigny, p. 75.

que sorte à la tête de la curie, présidaient cette assemblée, exerçaient les actes de juridiction que nous venons d'énumérer, et jouaient ainsi le premier rôle dans le régime municipal du Bas-Empire.

XX. Nous avons déjà eu occasion de dire que ce magistrat populaire était nommé par l'assemblée générale du peuple, auquel se réunissaient, dans les derniers temps, l'évêque et le clergé. Il faut ajouter que pendant long-temps il fut choisi en dehors de la curie [1], et que Justinien leva cette exclusion en permettant d'appeler à ces fonctions les hommes les plus nobles de la cité [2]. Ils étaient d'abord nommés pour cinq ans; mais Justinien réduisit à deux années la durée de leurs fonctions [3].

Dans cette dissolution générale de l'empire tout se décomposait promptement, et Justinien se plaint de l'état de décadence et d'abjection dans lequel sont tombés les défenseurs des cités; c'est

---

[1] Non ex decurionum seu cohortalium corpore, sed aliis idoneis personis huic officio deputentur. L. 2, Cod., De defensor.

Defensores ità præcipimus ordinari, ut sacris orthodoxæ religionis imbuti mysteriis, reverendissimorum episcoporum, necnon clericorum et honoratorum ac possessorum decreto constituantur. L. 8, Cod., De defensor.

[2] Interim sanciendum est prius, ut nulli hominum sit licentiâ defensoris ordinationem declinare : sed invicem universi nobiliores civitatum habitatores hoc ministerium eis adimpleant. Nov. XV, cap. 1.

[3] In defensoribus universitatum provinciarum erit administrationis hæc forma et tempus quinquennis spatii. L. 4, Cod., De defensor. civit.

In biennio verò administrari solo. Nov. XV, §. 1.

pour leur rendre la splendeur qui leur est nécessaire, que l'empereur augmente l'importance de leur juridiction, appelle à ces fonctions tous les habitants de la ville, à tour de rôle et sans excepter ceux qui sont élevés en dignité, et leur prescrit de tenir registre de tous les actes qui doivent être insinués devant eux.

XXI. L'élection des défenseurs doit être d'ailleurs aprouvée par les préfets impériaux qui seuls, à l'exclusion des présidents de la province, peuvent les révoquer lorsqu'ils se rendent indignes de leurs charges [1]; ce magistrat peut aussi les autoriser soit à se substituer un autre citoyen qui remplisse leurs fonctions, soit à s'en démettre avant l'expiration de deux années [2].

XXII. Il nous reste à parler de quelques autres charges qui ne constituent ni une magistrature ni un honneur municipal, mais qui n'en sont pas moins des rouages nécessaires dans le système de l'administration. De ces charges, les unes sont ordinaires et permanentes, toujours remplies, quoiqu'à certains intervalles (1 à 2 ans) les titu-

---

[1] ...... De quorum ordinatione referendum est ad illustrissimam prætorianam potestatem : ut litteris ejusdem magnificæ sedis eorum solidetur auctoritas. L. 8, Cod., De def. civ.

Indè ei fiat curæ privatio, undè etiam datur. Nov. XV, 1, §. 1.

[2] Nov. XV, 2 et 6, §. 1.

Nulli defensorum licere decernimus, si de publicâ sollicitudine se voluerit liberare, nisi divinos affatus intimaverit tuæ sublimitatis judicio. L. in fine, Cod, De def. civ.

laires changent ; les autres sont extraordinaires et intermittentes , destinées à pourvoir à un besoin momentané. Nous parlerons ici des premières seulement, et plus tard en traitant de l'administration de la cité , nous dirons quelques mots des autres.

XXIII. Les tributs, quoiqu'ils soient perçus au profit de l'empire et non de la ville en particulier , sont levés dans chaque municipe par un collecteur [1], *curator susceptor,* choisi par la curie et dont elle est responsable. Cet officier est chargé non seulement de percevoir par tête le tribut en argent [2], mais encore le cinquantième du froment, le quarantième de l'orge , le vingtième du lard et du vin , et de les faire transporter dans les greniers du fisc. Le secrétaire-greffier, *tabularius,* de la ville lui remet le rôle de ce qui doit être exigé de chacun et qui est spécialement dressé à cet effet [4].

[1] Exactores vel susceptores in celeberrimo cœtu curiæ consensu et judicio omnium subactorum testificatione firmentur, provinciarumque rectoribus eorum nomina , qui ad publicum munus officii editi atque obligati fuerint, innotescant, et animadvertant quicumque nominaverint , ad discrimen suum universa quæ illi gesserint redundare. L. 8, Cod. , De suscept. — Vid. etiam L. 23, Cod., De decur. — L. 2, Cod. , De suscept.

[2] .... Exactores pecuniæ pro capitibus..... L. 18, Dig. , De muneribus , §. 8.

[3] Diù minimè penes ipsos susceptores maneat facta collatio , sed statim quodcumque à provincialibus fuerit exsolutum sacris thesauris inferatur. L. 7, Cod. , De suscept. — V. not. infrà.

[4] Ducenarii et centenarii sive sexagenarii non prius debent aliquem ex debitoribus convenire , quàm à tabulario civitatis nominatim bre-

Dans le but d'assurer la fidélité de la perception, les constitutions ordonnent que les mesures destinées à la perception des impôts en nature, soient en airain ou en pierre, et que chaque cité en soit pourvue [1]. Cette charge ne doit point être rangée parmi les emplois vils, et celui qui est contraint de l'exercer, jouit pendant cet exercice de l'exemption de toutes autres charges ; il est même dispensé de la tutelle [2]. Après une et quelquefois deux années d'exercice, la charge cesse et celui qui l'a remplie doit rendre compte de sa gestion [3].

XXIV. Outre les magistrats, la curie emploie certains fonctionnaires nommés *irenarchœ*, et

ves accipiant debitorum : quam quidem exactionem sine omni fieri concussione oportet. L. 1, Cod., De exact. trib.

[1] Modios æneos vel lapideos cum sextariis atque ponderibus per mansiones singulasque civitates jussimus collocari ; ut unusquisque tributarius sub oculis constitutis rerum omnium modis sciat quid debeat susceptoribus dare. L. 9, Cod., De suscept.

Quoties de qualitate solidorum orta fuerit dubitatio : placet, quem sermo græcus zygostatam appellat, per singulas civitates constitutum, qui pro suâ fide atque industriâ neque fallat neque fallatur, contentionem derimere. L. 2, Cod., De ponderat. et aur. illat.

[2] Exactores tributorum tanto tempore quanto rationem tributariam tractaverint, non solùm ab oneribus sed etiam à tutelis vacationem habere. L. 10, Cod., De excus. tut.

[3] Non perpetui autem susceptores teneantur in continuatâ vexandorum provincialium potestate, velut concussionum dominatione : sed per annos singulos judiciaria sedulitate mutentur, nisi aut consuetudo civitatis, aut auctoritas ordinis eos per biennium esse compellat. L. 4, Cod., De susceptor.

Integro igitur singuli anniversario anno transcurso cogantur exponere quibus titulis suscepta disperserint. L. 4, Cod., De suscept.

qui sont appelés à veiller à la sécurité publique. Leur nomination est confirmée par le proconsul. Abolie par Théodose, comme ne répondant pas au but que l'on s'était proposé, cette institution fut rétablie par Justinien, comme étant au contraire d'un salutaire effet[1]. Dans cette déplorable succession de lois et de décrets, on voit les empereurs attribuer tantôt à une cause, tantôt à une autre, les malheurs du temps, et personne ne s'aperçoit que le vice de chacun en particulier provient du vice général et du germe de dissolution qui se développe au sein de l'empire.

XXV. Ces officiers étaient-ils les mêmes que les stationnaires établis par Auguste? c'est une question incertaine, mais il est sûr que leurs attributions eurent une grande analogie[2]; leur métier est

---

[1] Irenarcharum vocabula, quæ adsimulata provinciarum tutelâ, quietis ac pacis per singula territoria non sinunt stare concordiam, radicitùs amputanda sunt. Cesset igitur genus perniciosum reipublicæ; cesset rescriptorum irenarchus circiter, inconvulsa simplicitas et celsitudinis tuæ sedes provinciarum defendenda suscipiat pacis hujusmodi locupletioribus commissura præsidia. Cod. Theod., l. un., De irenarch.

La même loi a passé au code Justinien, mais altérée, et pour le rétablissement de ces agents.

Irenarchæ, qui ad provinciarum tutelam quietis et pacis per singula territoria faciunt stare concordiam, à decurionibus judicio præsidum provinciarum idonei nominentur. Cod., l. un., De irenarch.

[2] Suétone apprend qu'Auguste établit des stations dans certains lieux convenablement choisis (Octav., c. 32, Dispositas per opportuna loca stationes), et que le nombre en fut augmenté par Tibère (Tiber., c. 37). Ces stationnaires avaient pour missions de pour-

de poursuivre les voleurs et les criminels de toutes sortes, de les interroger immédiatement sur leurs crimes et leurs complots, et de les envoyer avec un rapport, *elogium*, au juge chargé de les punir [1]. Ils veillent aussi, dit un auteur de jurisprudence, à la correction des mœurs et au maintien de l'ordre public [2]. Il ne faut pas les confondre avec d'autres employés à la garde des portes et qui, chargés également de saisir les fugitifs, se nommaient *limenarchœ* [3].

XXVI. Il existait un grand nombre de charges particulières imposées aux citoyens dans l'intérêt des cités ; on en trouve l'énumération dans les différents livres du droit romain ; parmi les principales, il faut distinguer le *curator frumenti* et le *curator calendarii.* Le premier, nommé par la curie ou par les magistrats [4], est chargé d'acheter,

suivre les voleurs. Cependant ils étaient militaires, et il n'est pas certain que les irenarques le fussent.

V. l. 1, §. 12, D., De off. præf. urbi. — L. 5, C., De vectigal. — L. 4, Cod. Theod., Decur. — Jacques Godef., sur la loi 2, Cod. Theod., De curiosis.

[1] .... D. Pius.... Sub edicto proposuit, ut irenarchæ cùm apprehenderint latrones interrogent eos de sociis et receptatoribus et interrogationes litteris inclusas atque obsignatas ad cognitionem magistratus mittunt. L. 6, D., De curt. et exhib. reor.

[2] Irenarchæ quoque, qui disciplinæ publicæ et corrigendis moribus præficiuntur. L. 18, §. 7, D., De muneribus.

[3] L. 18, §. 10, De muneribus.

[4] .... Quemdam ad siliginem emendam curatorem decreto ordinis constitutum. L. 30, D., De neg. gest.

Lucius Titius cùm esset in patris potestate, à magistratibus inter

avec les deniers publics et communs de chaque ville, du blé et de l'huile, et de le revendre à juste prix [1] aux habitants; à la fin de l'année, il doit avoir fait la recette de cette vente et rendre ses comptes [2]. Le second est adjoint au curateur de la cité, il est nommé par le proconsul et prête à intérêt, sous sa propre responsabilité, les fonds appartenant à la cité [3].

XXVII. L'administration municipale et judiciaire confiée aux magistrats et aux curies, nécessitait l'emploi d'un grand nombre d'écrivains dont chaque classe avait ses attributions fixes et particulières.

On désignait primitivement du temps de la république, sous le nom de scribe, *scriba*, ceux qui transcrivaient les actes des magistrats ; le copiste esclave ou salarié travaillant pour un particulier se nommait *exceptor;* au quatrième siècle,

cætéros frumento comparando invito patre, curator constitutus est. L. 21, D., Ad municip. princip.

[1] L. 2, §. 4, D., De administrat. rer. ad civ. pert.

[2] L. 9, §. 5, D., De adm. rer. ad civ. pert.

Singulis autem annis impletis sanctissimum episcopum cum quinque primatibus civitatis rationes exigere eos qui ab ipsis ordinati sunt. Nov. CXXVIII, 16.

[3] La loi 2 au code *De deb. civ.*, qui est empruntée à la loi unique du code Théodosien, *De curat. calend.*, fait supposer que cette charge cessa d'exister sous Justinien ; car cet empereur substitue au mot *curator calendarii,* ceux-ci *pater civitatis.*

A curatore calendarii cautionem exigi non debere cùm à præside ex inquisitione eligitur. L. 9, §. 7, D., De adm. rer. ad civit.

le langage a complètement changé, *exceptor* est le nom généralement donné à tous les secrétaires pour les actes publics. Ainsi, le sénat de chaque cité a ses exceptores, et les secrétaires des tribunaux portent le même nom [1].

XXVIII. Les *censuales*, ainsi que l'indique leur nom, étaient ceux qui tenaient les livres où étaient transcrites les indications du patrimoine de chaque cité; ils étaient sous les ordres des officiers chargés de recenser les propriétés immobilières, *censitores;* les greffiers, *tabularii,* tenaient les registres publics et spécialement le rôle de ce que chacun devait à la république; tous ces officiers ne faisaient point partie de la curie, mais ils pouvaient y être appelés lorsqu'ils devaient quitter leur charge [3]. Les *tabelliones*, dont le nom a disparu

[1] Savigny, Hist. du droit rom., t. 1, p. 61.

[2] Qui acceptandis sive suscipiendis censualibus professionibus destinantur ad personnalis muneris sollicitudinem animum intendunt. L. 18, §. 16, D., De muneribus.

Censuales.... libri sunt quibus census patrimonium et ætates apud censores et censitores profitebantur antiqui. Note de Godefroy, sur la loi 6, au code *De fide instrum.*

Voyez à l'égard de ces fonctions à Rome, L. 5, Cod. Theod., De senat. — L. 1, Cod. Theod., De decur. urb. Romæ. — L. 18, 1. 23, Cod., De testament. et J. Godefroy. — L. 4., Cod. Theod., De tabul.

[3] V. Cod. Theod., 1. VIII, t. 2, De tabulariis, logografis et censualibus, et le comm. de Godefroy.

Si qui tabulariorum necessitate perfuncti vel adspirare cœperint ad curias, vel vocari non prius eos ordo suscipiat, quàm fideliter

seulement en 1790, étaient les notaires des temps modernes (moins le droit de conférer l'exécution parée)[1] , c'était des personnes qui , sans caractère public, prêtaient leur ministère pour la rédaction des testaments.

XXIX. C'était une règle propre à tous ces offices et à un grand nombre d'autres , qu'on trouve mentionnés dans le corps du droit romain, que le fils était tenu d'exercer la profession de son père, et obligé, par sa naissance, aux mêmes devoirs [2].

dederint, administratarum suo tempore chartularum apud acta, rationem. Cod. Theod., loc. cit. , l. 2.

Cùm judicem oporteat inquirere debitores , tabularios fideliter providere nomina debitorum. L. 7, Cod. , De exactoribus.

V. l. 27, Cod. Theod. , De susceptoribus , XII, tit. 6. — L. 1 , Cod. , De exactor. — L. 2, Cod. Theod. , De annonâ.

[1] V. Savigny, loc. citat. — V. aussi le comm. de Jacq. Godefroy sur la loi 3, Cod. Theod., liv. XIII , t. 1. — V. les lois 9 , §. 4, D., De pœnis. — L. 17 , Cod. , De fide instrum. — L. 2, Cod. , De eunuch. — L. 1 , Cod. , Ut nemo ad suum patrocinium. — L. 24 , Cod. , De testam. — Ils sont aussi appelés *logographi, numerarii, demogramatei, etc.*

[2] Nulli omninò ex tabulariis , vel scribis, vel logographis eorumque filiis in quocumque officio militent, sed ex omnibus officiis retracti protinùs officiis municipalibus reddantur. L. 1 , c. , Cod. , De tabul.

Quos, vel fratris, vel majorum obligatio, vel sua constringit. L. 4, Cod. , eod.

CHAPITRE QUATRIÈME.

I. Trois choses occupent la sollicitude du législateur romain dans l'administration économique des villes municipales.

1° La création d'un patrimoine communal qui
forme, pour ainsi dire, la dot du municipe.

2° La conservation de ce patrimoine et les
mesures nécessaires pour qu'il ne reçoive aucune
atteinte du dol ou de la négligence des administrateurs.

3° La faculté, pour chaque cité, de suppléer à
l'insuffisance de ce patrimoine, en rejetant, sur
ses membres, une partie des charges et obligations nécessaires à la bonne administration [1].

[1] Publicum munus dicitur quod in administrandâ republicâ sine
titulo dignitatis subimus. L. 14, D., De muneribus.

Munus publicum est officium privati hominis, ex quo commodum

II. Occupons-nous d'abord de cette dernière faculté qui tient une place assez considérable dans le droit romain, pour nous convaincre que dans la vie civile elle jouait un rôle important.

Les jurisconsultes faisaient, des charges que la cité pouvait ainsi imposer dans son intérêt, une division tripartite : celles qui exigeaient les soins du corps et de l'esprit, sans affecter le patrimoine du débiteur, étaient considérées comme personnelles ; celles qui obligeaient à quelques dépenses pécuniaires, et qui mettaient en péril le patrimoine d'une façon quelconque, étaient appelées patrimoniales. Enfin, d'autres exigeaient un service personnel, affectaient encore le patrimoine et on les appelait mixtes, c'est-à-dire doubles ; elles sont presque toutes énumérées dans le titre C. L. 5o du Digeste, d'après lequel nous allons essayer d'en présenter le tableau [2].

ad singulos universosque cives remque oorum, imperio magistratus extraordinarium (extraordinario) pervenit. L. 239, §. 3, D., De verb. sign.

[1] Il faut remarquer que parmi les charges, les unes concernent la république en général, les autres, et c'est le plus grand nombre, la cité. Le lecteur discernera facilement les unes des autres, dans l'énumération que nous lui présentons.

Munerum civilium triplex divisio est; nam quædam munera personalia sunt, quædam patrimoniorum dicuntur, alia mixta. §. 1. — Personalia sunt, quæ animi provisione et corporalis laboris intentione sine aliquo gerentis detrimento perpetrantur veluti tutela et cura. §. 2. — Calendarii quoque curatio et quæstura in aliquâ civitate inter honores non habetur, sed personale est. §. 3. — Tironum sive equorum productio, et si qua alia animalia necessario produ-

CHARGES PERSONNELLES.

III. Questure, administration de deniers communs, dans quelques cités seulement; dans d'autres, ces charges étaient rangées parmi les honneurs, conduite des recrues, des chevaux et de toutes les choses à transporter pour le service public.

La charge de faire les levées de soldats, de chevaux et de fournitures.

cenda aut res pervehendæ sunt, vel pecuniæ fiscales, sive annona, vel vestis, personale munus est. §. 5. — Cura quoque emendi frumenti, olei (nam harum specierum curatores, quos frumentarios et olearios appellant, creari moris est), inter personalia munera in quibusdam civitatibus numerantur, et calefactio publici balnei, si ex reditibus alicujus civitatis curatoribus subministratur. §. 6. — Sed et cura custodiendi aquæductus personalibus muneribus aggregatur. §. 7. — Hirenárchæ quoque qui disciplinæ publicæ et corrigendis moribus præficiuntur, sed et qui ad reficiendas vias eligi solent, cùm nihil de proprio patrimonio in hoc munus conferant, item episcopi, qui præsunt pani cæterisque rebus venalibus, quæ civitatum populis ad quotidianum victum usui sunt, personalibus muneribus funguntur. §. 8. — Qui annonam suscipit, vel exigit, vel erogat, et exactores pecuniæ pro capitibus, personalis muneris sollicitudinem sustinent. §. 9. — Sed et curatores, qui ad colligendos civitatum publicos reditus eligi solent, personali muneri subjugantur. §. 10. — Hi quoque qui custodes ædium vel archeotæ, vel logographi, vel tabularii, vel xenoparochi, ut in quibusdam civitatibus, vel limenarchæ, vel curatores ad extruenda vel reficienda ædificia publica, sive palatia, sive navalia, vel mansiones destinantur, si tamen pecuniam publicam in operis fabricam erogant, et qui faciendis sive reficiendis navibus, ubi usus exigit, præponuntur muneribus personalibus adstringuntur. §. 11. — Camelasia quoque similiter personale munus est. Nam ratione habita et alimentorum et camelorum certa pecunia camelariis dari debet, ut solo corporis ministerio obligentur. Hos ex

Le soin des transports publics et des voitures en choses destinées aux jeux.

L'achat et la vente du froment et de l'huile destinés aux habitants.

Le chauffage des bains publics , aux frais de la ville.

La garde des aqueducs.

Les fonctions d'hyrenarques, *hyrenarchœ.*

La surveillance et la construction des chemins.

La surveillance du pain et des autres comestibles.

albi ordine vocari nec ullâ excusatione liberari , nisi sola læsi et inutilis corporis , et infirmitate specialius sit expressum. §. 12. — Legali quoque qui ad sacrarium principis mittuntur, quia viaticum , quod legativum dicitur interdum solent accipere, sed et nyctostrategi et pistrinorum curatores personale munus ineunt. §. 13. — Defensores quoque quos Græci syndicos appellant et qui ad certam causam agendam vel defendendam eliguntur , laborem personalis muneris aggrediuntur. §. 14. — Judicandi quoque necessitas inter munera personalia habetur. §. 15. — Si quis fuerit electus ut compellat eos, qui propè viam publicam possident, sternere viam , personale munus est. §. 16. — Pari modo qui acceptandis , sive suscipiendis censualibus professionibus destinantur ad personalis muneris sollicitudinem animum intendunt. §. 17. — Mastigophori quoque, qui agonethetas in certaminibus comitantur, et scribæ magistratus, personali muneri serviunt. §. 18. — Patrimoniorum sunt munera quæ sumptibus patrimonii et damnis administrantis expediuntur. §. 19. — Etemporia et orpratura apud Alexandrinos patrimonii munus existimatur. §. 20. — Susceptores quoque vini per provinciam africam patrimonii munus gerunt. §. 21. — Patrimoniorum autem munera duplicia sunt; nam quædam ex his muneribus patrimoniis sive possessionibus indicuntur, veluti agminales equi , vel mulæ et angariæ atque verhedi. §. 22. — Hujusmodi igitur obsequia et hi qui neque municipes neque incolæ sunt agnoscere coguntur. §. 23. — Sed et eos , qui fœnus exercent, etsi veterani sint tributiones ejusmodi agnoscere debere rescriptum est. §. 24. — Ab hujusmodi muneribus neque primipila-

Le soin des vivres.

Les fonctions de commissaires, d'inspecteurs des vivres.

La perception des revenus publics de chaque cité.

La garde, la surveillance, les réparations des édifices publics, toutes les fois que les deniers publics, et non la fortune personnelle du citoyen chargé de ce service, y sont employés.

Les fonctions de logographi, tabularii, xenoparochi, acheotæ, limenarchæ[1].

ris,neque veteranus aut miles aliusve, qui privilegio aliquo subnixus, nec pontifex excusatur. §. 25. — Prætereà habent quædam civitates prærogativam, ut hi qui in territorio earum possident, certam quid frumenti pro mensurâ agri per singulos annos præbeant, quod genus collationis munus possessionis est. §. 26. — Mixta munera decaprotiæ et icosaprotiæ, ut Herennius Modestinus et notando et disputando benè et optimâ ratione decrevit. Nam decaproti et icosaproti tributa exigentis et corporale ministerium gerunt et pro oneribus defectorum fiscalia detrimenta resarciunt, ut et meritò inter mixta hoc munus numerari debeat. §. 27. — Sed ea quæ suprà personalia esse diximus, si hi qui funguntur ex lege civitatis suæ vel more etiam de propriis facultatibus impensas faciant, vel annonam exigentes defectorum prædiorum damna sustineant mixtorum definitione continebuntur. §. 28. — Hæc omnia munera, quæ trifariam divisimus, unâ significatione comprehenduntur. Nam personalia et patrimoniorum et mixta munera civilia sine publica appellantur. §. 29. — Sive autem personalium duntaxat, sive etiam civilium munerum impunitas alicui concedatur, neque ab annonâ, neque ab angariis, neque à verhedo, neque ab hospite recipiendo, neque à nave, neque capitatione, exceptis militibus et veteranis excusari possunt. §. 30. — Magistris qui civilium munerum vacationem habent, item grammaticis, et oratoribus, et medicis, et philosophis, ne hospitem reciperent, à principibus fuisse immunitatem, indultam et divus Vespasianus et divus Hadrianus rescripserunt. L. 18, D., De munerib.

[1] Voir pour l'explication de ces mots, les notes de D. Godefroy,

La conduite des chameaux.

Les missions données au nom de la ville, pour se rendre auprès de l'empereur.

La surveillance, les patrouilles de nuit.

Le soin des moulins.

Le syndicat, la charge de représenter la cité dans une affaire ou par une cause déterminée.

Les fonctions judiciaires, l'obligation d'être juge, *judex*.

Le soin de faire réparer la voie publique.

La confection des rôles du cens.

Les massigophores qui, armés de fouets, précédaient les présidents de jeux pour apaiser la foule ou punir les gladiateurs qui manquaient de courage ; les scribes qui transcrivent les actes des magistrats, remplissent aussi une charge personnelle.

CHARGES PATRIMONIALES.

IV. Les charges patrimoniales se divisent d'abord en ordinaires et extraordinaires : les charges ordinaires sont celles qui sont établies par les lois, les sénatusconsultes , les constitutions impériales ou les mœurs. Les charges extraordinaires sont celles que les magistrats imposent par suite de quelque nécessité pressante et non prévue. On les divise encore d'une autre manière : les unes sont dues

sur la loi 18 au Dig. De muneribus. Les logographes dressaient les rôles des tributs, les tabularii étaient chargés du compte des tributs; les archeotæ étaient des archivistes; les xenoparochi, des officiers chargés de fournir aux étrangers le bois, le sel et autres nécessités de la vie ; les limenarchæ étaient des portiers, etc.

par les seuls citoyens ou habitants de la cité, les autres sont dues à raison des héritages qu'on y possède. On range parmi les charges patrimoniales[1], la perception des tributs qui pourrait être rangée parmi les charges mixtes ; le soin d'acheter l'huile et autres menues provisions, la perception en nature de l'impôt sur le vin ; en Afrique, l'obligation de loger les gens de guerre et autres, imposée par le gouvernement ; le service des convois militaires. L'obligation de donner une certaine quantité de froment proportionnée à l'étendue de ses possessions dans les villes qui jouissent de ce privilége, la réparation des voies publiques, sont aussi des charges patrimoniales, et elles pèsent sur tous ceux qui ont des propriétés dans la commune, qu'ils y résident ou non.

CHARGES MIXTES OU DOUBLES.

V. Les fonctions des dix premiers ou vingt premiers, car ils fournissent, et leurs soins personnels pour la levée des impôts, et leur fortune pour combler le déficit en certain cas.

[1] V. Poth. sur le titre *De mun.*, au D. — L. 10, C., De mun. pat.

Sed enim hæc munera quæ patrimonii indicuntur, duplicia sunt. Nam quædam possessoribus injunguntur, sive municipes sunt, sive non sunt ; quædam nonnisi municipibus vel incolis. Intributiones quæ agris fiunt, vel ædificiis possessoribus indicuntur. Munera verò quæ patrimoniorum habentur non aliis quàm municipibus vel incolis. L. 6, D., De offic. procens.

Munera quæ patrimoniis publicis utilitatis gratia indicuntur, ab omnibus subeunda sunt. L. 3, Cod., De muner. patr.

Patrimoniorum munera mulieres etiam sustinere debent. L. 9, Cod., *ibid.*

VI. Une remarque importante, c'est que cette division n'est ni absolue ni générale, et que dans toutes les villes où aux obligations personnelles la loi particulière ajoute certaines prestations pécuniaires, les charges prennent un caractère double ou mixte.

Une autre remarque à faire, c'est qu'en général c'est le travail personnel qui est réclamé au nom de l'intérêt public, que la matière première est fournie par la république, par la cité, et que même on n'exige gratuitement que les seuls services qui ne réclament pas une connaissance spéciale, l'étude particulière d'un art, d'une science [1].

Aussi, voyons-nous que les charges personnelles sont les plus nombreuses et embrassent presque tous les services que peut réclamer l'administration compliquée d'un grand centre de population.

VII. Les charges sont, comme les honneurs, soumises à l'empire de quelques règles, de quelques préceptes généraux. Ainsi, c'est aux magistrats à désigner ceux qui leur paraissent propres à remplir une charge, et sur leur proposition, la curie les y appelle par un décret [2]; il paraît que quel-

---

[1] C'est par cette raison que les cités avaient des esclaves, *artistes.* V. liv. 6, t. 1, Cod., De servis fugitivis et libertis municipiisque artificibus, etc.

[2] Observari oportebit magistratus ut, decurionibus solemniter in

quefois cette désignation était faite irrégulière-
ment hors de la curie par un ordre simple., des
magistrats sans doute, et dans ce cas, le législateur a eu soin de décider que, sans qu'il lui fût
besoin d'appeler, l'élu était dispensé d'obéir à
cet ordre [1].

VIII. Mais toutes les fois que la désignation
était faite régulièrement, il fallait un appel pour
s'en décharger, autrement, on était présumé l'a-
voir acceptée [2]; alors il fallait obéir, car on ne
pouvait se rédimer du service par de l'argent [3], et
on était responsable du préjudice que le défaut

curiam convocatis, nominationem ad certa munera faciunt. L. 2,
Cod., De decur.

Quemdam ad siliginem emendam curatorem decreto ordinis constitutum. L. 45, Cod., De decur.

[1] Nominationes libellis vel edictis factæ citrà concilium publicum
non valent, de quibus nec appellare necesse est, si solemnitas deest.
L. 27, Cod., De appellat.

[2] Omnis excusatio sua æquitate nititur, sed si prætendentibus aliquid sine judice credatur aut passim sine temporis præfinitione,
prout cuique libuerit, permissum fuerit se exusare, non erunt, qui
munera necessaria in rebus publicis obeant. L. 1, D., De voc.

Hi qui ad civilia munera vel ad decurionatum vel honores evo-
cantur, licet vacationem à principibus acceperint, si appellationis
auxilio non utuntur, consensu suo nominationem confirmant. Cùm
igitur ad munus vocatus appellaveris, apud præsidem provinciæ justè
te appellasse ostende. L. 7, Cod., De appell.

Adde 1. 4 et 11, Cod. Titul. — L. 2, Cod., De decur.

[3] Paulus respondit cum qui injunctum munus à magistratibus sus-
cipere supersedit, posse conveniri eo nomine propter damnum reipublicæ quamvis eo tempore quo creatus est, in alienâ fuerit potestate. L. 21, Dig., Ad mun. — L. 1, Dig., De oper. publ.

Si qui ad munera publica nominati appellaverint nec causas pro-

d'accomplissement de la charge pouvait occasionner à la cité [1].

XIX. Les lois recommandaient de faire la désignation de manière que chacun fût désigné pour la charge à laquelle il convenait le mieux ; mais à la condition, toutefois, que la même charge ne serait plus imposée trop souvent au même individu [2]. Il faut aussi que dans la désignation les magistrats consultent la position, l'état de celui qu'ils veulent choisir. En effet, pour être assujetti aux charges municipales, il faut être originaire de la ville et y avoir son domicile ; il ne suffirait

baverint, scient ad periculum suum pertinere, si quid damni per moram appellationis reipublicæ acciderit : quod si apparuerit eos necessario provocasse, cui adscribendum sit damnum præses, vel princeps æstimabit. L. 1, Dig., Si quis tutor vel curator.

[1] Æstimationem honoris aut muneris in pecunia pro administratione offerentes audiendi non sunt.

Qui pro honore pecuniam promisit, si solvere eam ceperit, totam præstare operis inchoati, exemplo, cogendus est. L. 16, D., De muner.

[2] Honores et munera non ordinationi sed potioribus et quibuscumque injungenda sunt. L. 7, D., De decur.

De honoribus sive muneribus gerendis cum quæritur, in primis consideranda persona est ejus cui defertur honor, sive muneribus gerendis cùm quæritur, in primis consideranda persona est ejus cui defertur honor, sive muneris administratio, item origo natalium, facultates quoque an sufficere injuncto muneri possint : item lex secundum quam muneribus quisque fungi debeat. L. 14, D., De muner.

Præses provinciæ provideat, munera et honores in civitatibus æqualiter per vices secundùm ætates et dignitates, ut gradus munerum honorumque, qui antiquitas statuti sunt, injungi ne sine discrimine et

pas de posséder des propriétés sur son territoire [1], il faut, en outre, ne pas en être exempté par quelque privilége, quelque immunité.

X. La nomination irrégulière de celui qui ne devait pas être assujetti à une charge, expose les magistrats qui l'ont faite, à supporter les frais de la contestation [2]. On s'est même demandé s'ils n'étaient pas soumis à l'action pour injure ; mais on a repoussé cette prétention rigoureuse par le motif qu'il n'y avait aucune analogie entre la demande d'un travail quelconque et une injure [3].

XI. Nous venons de dire qu'il fallait être originaire de la cité ou l'habiter pour être appelé à en supporter les charges ; de là, une double classe d'assujettis. Les citoyens, les municipes propre-

frequenter iisdem oppressis, simul viris et viribus reipublicæ destituantur. L. 3, §. 15, D., De muner.

Adde L. 52, Cod., De decur. — L. 4, Cod., Quemadmodum civilia.

[1] Sola ratio possessionis civilibus, possessori muneribus injungendis, citrà privilegium specialiter civitati datum, idonea non est. L. 17, §. 5, D., Ad municip. — Adde L. 4, Cod., De incolis.

[2] ..... Quem si constiterit nominari debuisse sumptum litis eidem à nominatore restitui oportebit. L. 2, Cod., ad n., De decur.

At si contrà id privilegium ad munus, fatigandi tui causa quidam te devocaverint, tuque interpellatione interpositâ securitatem reportaveris : à nominatoribus sumptus quos in litem feceris recuperabis. L. unic., Cod., De sumptis recup.

Dans le droit des Pandectes, la condamnation aux dépens n'avait lieu que si la nomination injuste avait été plusieurs fois répétée. L. 1, §. 1, De vacat. et excusat.

[3] Aliud enim esse laborem injungere aliud injuriam facere. L. 19, §., De injuriis.

ment dits et les habitants , *incolæ*. L'homme, par sa naissance ou par affranchissement, est aggrégé au municipe où ces événements ont eu lieu ; par le choix de sa résidence , de son habitation , il devient habitant du municipe où il a transporté son domicile. Ainsi , chacun est libre de transporter son domicile où il juge convenable de le faire [1] ; mais , pour cela, il ne s'affranchit point des obligations que la naissance lui a imposées, il est maître de doubler ses charges , mais non de s'en dégager [2]; ainsi, celui qui a fixé son domicile dans une ville autre que celle dont il dépend par la naissance, l'adoption ou affranchissement, doit, dans l'une et dans l'autre, les charges municipales [3] et reste soumis à la juridiction des magistrats de l'une et de l'autre cité.

XII. Le fils suit l'origine du père et a le même domicile [4], c'est-à-dire, appartient au municipe

[1] Nihil est impedimento quo minus quis ubi velit , habeat domicilium quod ei interdictum non sit. L. 31 , D. , Ad municip.

Incola jam muneribus publicis destinatus nisi perfecto munere incolatui renuntiare non potest. L. 34 , eod.

[2] Origine propriâ neminem posse voluntate suâ eximi manifestum est. L. 4 , Cod. , De munic. et orig.

[3] Incola et his magistratibus parere debet apud quos incola est et illis apud quos civis est nec tantùm municipali juridictioni in utroque municipio subjectus est , verùm etiam omnibus publicis muneribus fungi debet. L. 49 , D. , Ad munic.

Duarum civitatum onera sustineret in unâ voluntatis et in alterâ originis gratiâ. L. 4 , Cod. , De munic. et orig.

4 Filius civitatem ex quâ pater ejus naturalem originem ducet non domicilium sequitur.

d'origine et non au municipe de choix[1]. par une exception assez rare, quelques cités ont le privilége de réclamer l'enfant d'après l'origine de sa mère[2]. Les affranchis appartiennent au municipe de leur patron ; mais quand ceux-ci ont un domicile d'origine ou un domicile de choix, auquel des deux municipes appartient l'affranchi ? c'est une question douteuse[3]. L'adopté devient membre de la ville à laquelle appartient son père adoptif[4], et ici, l'adoption produit un effet singulier, car, l'adopté ne cesse point pour cela d'appartenir à son municipe d'origine quoiqu'il soit considéré, dans le nouveau, comme étant aussi un citoyen d'origine, ce qui fait cesser, dans sa personne, la

---

[1] Patris domicilium filium aliorum incolam civilibus muneribus alienæ civitatis non adstringit, cùm patris quoque persona domicilii ratio temporaria sit. L. 17, D., Ad munic.

Placet etiam filios familiam domicilium habere posse. L. 3, D., eod.

[2] Ut puta Iliensibus concessum est ut qui matre Iliensi est, sit eorum municeps. Etiam Delphis hoc idem tributum et conservatum est. L. 1, §. 2, Dig., Ad mun.

L'enfant sans père légitime, suit l'origine de sa mère. Même loi, *ad fin.*

[3] Ejus qui manumisit municeps est manumissus non domicilium ejus, sed patriam secutus. L. 27, ad munic., D.

Voir cependant la loi 6 au même titre, §. 3, et la loi 23, *ibid.*, ainsi que la conciliation ou explication proposée par Pothier. Roth y voit une antinomie.

[4] Jus originis in honoribus obeundis, ac muneribus suscipiendis adoptione non mutatur sed novis quoque muneribus filius per adoptivnm patrem adstringitur.

L. 15, §. 3, Ad municip.

destination que nous avons signalée plus haut et le place, comme citoyen d'origine, dans deux villes différentes[1]; avec l'adoption, ses effets cessent, et, par conséquent, l'adopté qui est émancipé, cesse d'appartenir au municipe de son père adoptif[2].

La femme suit la condition de son mari, et, par conséquent, appartient non au municipe de son père, mais à celui de son mari; et c'est là qu'elle est tenue d'acquitter celles des charges que les femmes doivent supporter[3], celles dites *patrimoniales*. Veuve, elle conserve ce domicile, mariée en deuxième noce, elle le perd entièrement pour prendre celui de son nouveau mari[4]. L'étudiant qui habite une ville pour son instruc-

In adoptionem quidem alienæ civitatis civi rectè dato additur non mutatur patria : ac proptereà jus originis in honorum ac munerum obsequio per adoptionem non minui perspicis. L. 7, Cod., De adop.

[2] Sed si emancipatur ab adoptivo patre, non tantùm filius sed etiam civis, ejus civitatis cujus per adoptionem fuerat factus, esse desinit. L. 16, D., Ad municip.

[3] mulierem quamdiu nupta est, incolam ejusdem civitatis videri, cujus maritus ejus est, et ibi undè originem trahit non cogi muneribus fungi. L. 38, §. 3, Ad muuicip.

Mulieres quæ in matrimonium se dederint non legitimum, non ibi muneribus fungendos undè mariti earum sunt, sciendum est; sed undè ipsæ ortæ sunt. Itaque divi fratres rescripserunt. L. un., Cod., De mulier. in quo loco.

Patrimonii verò munera necesse est mulieres, in his locis in quibus possident, sustinere. L. un., Cod., De mulier. in quo loco.

4 Vidua mulier amissi mariti domicilium retinet, exemplo claris- mæ personæ per maritum factæ. Sed utrumque, aliis intervenienti- bus nuptiis, permutatur. L. 22, D., Ad municip.

tion[1], l'habitant d'une campagne voisine de la ville, n'appartiennent pas à cette ville n'y ayant point leur domicile[2] : toutefois, et dans ce dernier cas, il faut distinguer l'habitation réelle pour cultiver, exploiter la campagne, et l'habitation temporaire de pur agrément; celle-ci n'enlève point le citoyen à la ville voisine qu'il habite réellement et ne le dispense point des charges qui résultent de cette aggrégation[3].

XIII. Il est donc possible d'avoir plusieurs domiciles et d'acquitter les charges en divers lieux, simultanément[4]. Le citoyen appelé à une charge,

[1] Nec ipsi qui studiorum causâ aliquo loco morantur domicilium ibì habere creduntur, nisi decem annis transactis eo loco, sedes sibj constituerint secundùm epistolam divi Hadriani; nec pater qui propter filium studentem frequentius ad eum commeat. L. 2, C., De inc.

[2] Scire oportet, quoniam qui in agro permanet incola esse non existimatur; qui enim illius civitatis præcipuis non utitur, non existimatur esse incola. L. 35, Ad municip.

[3] Si quis negotia sua non in coloniis, sed in municipio semper agit, in illo vendit, emit, contrahit, eo in foro, balineo spectaculis utitur, ibì festis diis celebrat omnibus denique municipii commodis, nullis coloniarum fruitur, ibì magis habere domicilium quàm ubi colendi causa diversatur. L. 27, §. 1, Ad munic.

Nec tantùm hi qui in oppido morantur, sed etiam qui alicujus oppidi finibus ità agrum habent ut in eam se quasi in aliquam sedem recipiant. L. 239, §. 4, D., De verb. signif.

[4] Labeo indicat eum qui pluribus locis ex æquo negotiatur, nusquàm domicilium habere. Quosdam autem dicere refert pluribus locis eum incolam esse aut domicilium habere quod verius est. L. 5, D., Ad mun.

Viris prudentibus placuit duobus locis posse aliquem habere domicilium. Si utrubi ità se instruxit ut non ideo minùs apud alteros se collocasse videatur. L. 6, eodem. — Adde L. 27, §. 2, eodem tit.

qui soutient qu'il n'y est pas tenu, qu'il n'est pas habitant, a la faculté de saisir de sa réclamation le président de la province, et ce magistrat décide d'après l'appréciation des faits s'il est on non habitant, et comme tel soumis aux charges [1].

XIV. Plus cette législation se montrait sévère, plus les devoirs qu'elle imposait étaient rigoureux, plus on devait essayer de s'en affranchir.

A côté des règles pour organiser l'impôt, venaient les règles non moins minutieuses pour s'en exempter [2]. Ces exemptions formaient une sorte de monnaie à l'aide de laquelle les empereurs encourageaient, récompensaient ceux qu'ils voulaient favoriser. Nous allons en présenter la nomenclature curieuse à consulter comme études de mœurs

---

[1] .... Cùm tamen si quis negat incolam esse apud eum præsidem provinciæ agere debet, sub cujus cura est ea civitas, à quâ vocatur ad munera. L. 37, princ., D., Ad munic.

Domicilium re et facto transfertur, non nudâ contestatione : sicut in his exigitur qui negant se posse ad munera, ut incolas vocari. L. 20, eodem titulo.

Item rescripserunt, cùm quæritur, an municeps qui sit, ex ipsis etiam rebus probationes sumi oportere : nam solam nominis similitudinem ad confirmandam cujusque originem satis non esse. L. 38, §. 5, eod.

[2] Les jurisconsultes distinguent trois positions de celui qui est dispensé des charges. *Vacatio,* vacance, absence de l'obligation ; *excusatio,* excuse, remise de l'obligation ; *immunitas,* privilége général qui exempte, *détruit* l'obligation. On peut se trouver dans les deux premiers cas sans être investi du dernier avantage. V. les deux titres du Digeste, De *vacatione et excusatione munerum* et De *jure immunitatis.*

et des idées de cette époque. Il y a des exemptions
et des immunités générales [1]. Sont exemptés des
charges personnelles, à partir de l'époque où ils
ont atteint leur soixante-dixième année, les sep-
tuagénaires [2], ceux qui sont absents pour le service de la république, et principalement les mi-

---

[1] Pothier, dans ses Pandectes, les a classées sous les quinze caté-
gories suivantes :

1° Qui ætate excusantur.

2° De valetudine et infirmitate corporis.

3° De paupertate.

4° De justâ absentiâ.

5° De numero liberorum.

6° De vacatione quæ tribuitur veteranis.

7° De vacatione quæ tribuitur liberalium studiorum professoribus.

8° De athletis.

9° De vacatione quorumdam artificium et negotiatorum.

10° De vacatione quæ datur conductoribus vectigalium et coloniæ
Cæsaris.

11° De vacatione munerum quæ variis officiis tribuitur.

12° De excusatione quam tribuit dignitas.

13° De vacatione munerum quæ clericis eorumque uxoribus et
famulis conceditur.

14° De vacatione quam honor municipalis ab alio honore aut
munere tribuit.

15° De excusatione quam munus ab alio munere tribuit.

[2] Majores septuaginta annis à tutelis et muneribus personalibus
vacant. Sed qui ingressus est septuagesimum annum, nondùm egres-
sus, hâc vacatione non utetur; quia non videtur major esse septuaginta annis qui annum agit septuagesimum. L. 3, D., De jur. imm.
— Adde L. 3, §. 6, D., De muner. — L. 1, §. 3. — L. 2, §. 1,
D., De vacat.

Il est tou efois à remarquer que la loi 3, au code *Qui ætate.....,*
accorde cette exemption à l'âge de 55 ans. V. la rectification proposée par Cujas et repoussée par Pothier, *De vacat. et excus.*

litaires, les propriétaires de vaisseaux destinés au transport du blé, pendant tout le temps que ces vaisseaux tiennent la mer [1] ; le citoyen chargé de suivre quelque affaire pour la république [2], de la défendre ; ceux qui sont appelés à Rome pour suivre un appel devant l'empereur [3], les citoyens livrés à l'étude des arts libéraux [4], ceux qui exécutent pour quelques affaires que ce soit les fonctions de curateur [5], les malades, les in-

[1] Tempus vacationis quod datur eis qui reipublicæ causa afuerunt.... ut ex eo tempore vacationis dies incipiat cedere, quo iter ex commodo peragere potuisset. L. 4, D., De vacat et excus.

His qui castris operam per militiam dant nullum municipale munus injungi potest cæteri autem privati, quamvis militum cognati sunt, legibus patriæ suæ et provinciæ obedire debent. L. 3, D., De muner. et honor. — L. 10, princ., D., De excus. tut.

His qui naves marinos fabricaverunt, et ad annonam populi romani præbuerint, non minores quinquaginta millia modiorum, donec hæ naves navigant, aut aliæ in earum locum, muneris publicè vacatio præstatur ob navem. L. 3, D., De vacat.

Navicularii et mercatores olearii, qui magnam partem patrimonii ei rei contulerunt, intrà quinquennium muneris publici vacationem habent. L. 5, De mun. et hon.

[2] Defensores reipublicæ ab honoribus et muneribus eodem tempore vacant. L. 10, §. 3, D., De vacat. et excus.

[3] Qui maximos principes appellavit et causam propriam acturus Romam profectus est quo ad cognitio fidem accipiat, ab honoribus et civilibus muneribus apud suos excusatur. L. 8, §. 5, D., De vac. et exc.

4 Cùm vos adfirmatis liberalibus studiis operam dare, maximè circà juris professionem, consistendo in civitate Berytiorum provinciæ Pheniciæ, providendo utilitati publicæ et spei vestræ, decernimus, ut singuli usque ad vicesimum quintum annum ætatis suæ studiis non avocentur. L. 1, Còd., Qui ætat., vel prof.

5 Eodem tempore idem duas curas operis non administrabit. L. 14, D., De vac. et excus.

firmes , tels que les sourds', les aveugles, les valé-
tudinaires ²; les femmes , pour toutes les charges
qui exigent un travail corporel ³; les indigents [4] ,
pour toutes les charges qui affectent le patrimoine,
et même dans le dernier état de la législation , ils
étaient exempts des charges personnelles ; enfin ,
celui qui est revêtu d'un honneur est exempt des
charges jusqu'au moment où il s'en dépouille ⁵,

Curam operis aquæductus in alio jam munere constitutus posteà
susceperat : præpostere visus est petere exonerari priore munere
utrisque jam implicitus : quandò, si alterum tantum sustinere eum
oportuisset, antè probabilius impetrasset propter prius munus à
sequenti excusationem. L. 1, §. 1 , D. , De op. publ. — Adde L. 10,
Cod. , De excus. tutor.

¹ Luminibus captus, aut surdus, aut mutus, aut furiosus, aut
perpetuâ valetudine tentus, tutelæ seu curæ excusationem habet. L.1,
Cod. , Qui morbo.

Le droit des Pandectes était moins facile : Surdus et mutus, si in
totum non audiant aut non loquantur, ab honoribus civilibus, non
etiam à muneribus excusantur. L. 7, §. 1 , D. , De decur.

Minus audiens immunitatem civilium munerum non habet. L. 2 ,
§. 6 , D. , De vacat. et excus.

² Corporis debilitas eorum munerum excusationem præstat, quæ
tantùm corpore implenda sunt. L. 2 , §. 7, D. , De vacat.

³ Corporalia munera fœminis ipse sexus denegat, quominus honores et munera injunguntur. L. 3 , §. 5 , D. , De muner.

4 Inopes onera patrimonii ipsa non habendi necessitate non sustinent , corpori autem indicta obsequia solvunt. L. 4 , §. 2 , D. , De
muner.

Mais Constantin étendit cette exemption : Quod si quis propter
censum tenuiorem , vacationem meruerit atque hoc probaverit : beneficio potiatur, si propter rerum angustias ad personalia vocatur
obsequia. L. 6 , Cod. , De his qui num. liber.

5 Honorem sustinenti , munus imponi non potest , munus sustinenti honor deferri potest. L. 10 , D. , De muner.

et il en est de même des citoyens employés à la suite des proconsuls, *procuratorum* [1].

Toutes les exemptions qui précèdent sont nécessairement temporaires, sinon dans leurs effets, au moins dans leurs principes, et la cause cessant, l'exemption cesse également. Mais les lois accordent, comme nous l'avons dit, certaines immunités perpétuelles et générales ; ainsi sont exempts de toute charge civile ceux que la loi récompense pour l'avantage qu'ils ont procuré à la république ; dans ce nombre il faut ranger le père qui a cinq enfants nés de lui (les enfants adoptifs ne lui sont pas comptés), vivants ou morts pour la patrie ; il importe peu d'ailleurs, qu'ils soient en son pouvoir ou émancipés [2] ; les fermiers des revenus du fisc pendant la durée de leur bail [3], un assez grand nombre d'ouvriers dont la profession se rattache

[1] Comites præsidum et proconsulum, procuratorumve Cæsaris, à muneribus, vel honoribus et tutelis vacant. L. 12, §. 2, D., De vacat. et excus.

[2] V. G., Cura frumenti comparandi munus est ; et ab eo ætas septuaginta annorum, vel numerus quinque incolumium liberorum excusat. L. 3, §. 12, De muner.

Adoptivi filii in numerum non proficiunt eorum liberorum, qui excusare parentes solent. Add. L. 3, Cod., De his qui numer. lib.

Hi enim qui pro republicâ ceciderunt in perpetuum per gloriam vivere intelliguntur. L. 14, D., De vacat. princ.

Incolumes liberi, etiamsi in potestate patri suo desierint esse, excusationem à muneribus civilibus præstant. L. 2, §. 5, De vacat.

[3] Non honori conductorum datum. — Sed ne extenuentur facultates eorum quæ subsignatæ sunt fisco. L. 5, §. 10, D., De jur. immun. — Adde L. 8, §. 1, D., De vacat.

à l'art militaire. On trouve dans le Digeste l'énumération suivante que nous allons donner, en la faisant suivre de celle résultant d'une loi particulière de Constantin, qui étendit cette même exemption à plusieurs autres professions ne se rattachant plus à l'art militaire.

Sont exempts des charges les plus lourdes :

Les arpenteurs-mesureurs [1].

L'aide du centurion [2].

Les infirmiers [3].

Les médecins [4].

Les layetiers, fabricants de coffres, de malles, aussi bien que ceux préposés à la garde de dépôt des bagages [5].

Les pionniers [6].

Les vétérinaires [7].

Les ingénieurs [8].

---

[1] D., De jur. imm., L. 5. Mensores. — Ceux qui, dans les camps, mesurent, déterminent l'espace où l'on plante les tentes. V. Vitr, 1. 8.

[2] Optio. — Choisi par le centurion pour soigner ses affaires particulières, lui venir en aide. Festus. V° Optio. — Varron, De linguâ latinâ. W. 16.

[3] Valetudinarii. — Ceux qui ont soin de ce qui concerne l'hôpital.

[4] Medici.

[5] Capsarii, id est capsarum *artifices* et *capsarii* ipsi apud quos deponuntur res ad legiones pertinentes in capsis asservandæ. Poth. dict. leg. n. 4.

[6] Artifices et qui fossam faciunt.

[7] Veterinarii. — Les vétérinaires et les maréchaux, ces deux arts ayant été long-temps confondus.

[8] Architectus.

Les pilotes [1].

Les charpentiers de vaisseaux [2].

Les balistaires [3].

Les mineurs [4].

Les fabricants de flèches, les ouvriers en cuivre [5].

Les ouvriers employés à fabriquer les casques [6].

Les charrons et selliers [7].

Les couvreurs [8].

Les armuriers [9].

Les fontainiers [10].

[1] Gubernatores.

[2] Naupegi.

[3] Balistarii. — Les Balistes sont des machines de guerre propres à jeter ou lancer des pierres ; les balistaires sont donc et les ouvriers qui les fabriquent et les hommes qui les font manœuvrer.

[4] Specularii. — Les mineurs. Gothofredus putat eos esse qui à Vegetio II, 11, in fine, *cunicularii* dicuntur.

[5] Fabri sagittarii, ærarii.

[6] Bucularum structores. — *Bucula* est la muselière du casque ; les *structores bucularum* sont donc les ouvriers employés à cette partie de travail de fabrication d'un casque.

[7] Carpentarii. — *Carpentum* est une espèce particulière de char. Les *carpentarii* sont donc ceux qui les fabriquent. Les Basiliques traduisent ce mot par *sellier*. C'est qu'en effet il faut les deux professions pour faire un char, et qu'elles sont souvent réunies.

[8] Scandalarii. — Pothier explique ainsi ce mot : ceux qui sont employés à couvrir de bardeaux les baraques des soldats pour le quartier d'hiver. V. Pline, Hist. nat. XVI. Cette périphrase nous paraît rendue par le substantif *couvreur*, soit que cet ouvrier soit considéré comme fabricant ou préparant le bardeau, soit qu'on le considère comme le posant.

[9] Gladiatores. — Fabricants d'armes, sens très-peu usité du mot *gladiatores*. V. Pothier, hic.

[10] Aquilices.

Les fabricants d'instruments de musique guer-
rière [1].

Ceux qui fabriquent des arcs [2].

Les plombiers [3].

Les forgerons , serruriers [4].

Les carriers , ceux qui font cuire la chaux [5].

Les bûcherons et charboniers [6].

Les bouchers [7].

Les chasseurs [8].

Les marchands de victimes [9].

L'aide du maître de l'arsenal [10].

Les gardes-malades [11].

Les teneurs de livre du décompte des soldats [13].

Les teneurs de livres des magasins [14].

Les teneurs de livres des dépôts des soldats [14].

---

[1] Tubarii, cornuarii. — La corne, *cornu;* la trompette droite,
tuba; trompette recourbée en cercle sur elle-même, *buccina.*

[2] Arcuarii.

[3] Plumbarii.

[4] Ferrarii.

[5] Lapidarii.

[6] Qui calcem coquunt et qui sylvam infundunt, qui carbonem car-
dunt ac torrent.

[7] Lanii.

[8] Venatores. — Pour la nourriture ou les besoins de l'armée.

[9] Victimarii.

[10] Optio fabricæ. — L'aide du maître de l'arsenal.

[11] Qui ægris presto sunt.

[12] Librarii qui docere possint.

[13] Librarii horreorum.

[14] Librarii depositorum. — Suivant Vegèce, XI, 20, une partie
des gratifications accordées aux soldats (la moitié) était par eux mise

Les teneurs de livres des profits caducaires de la légion [1].

Les aides du commandant de l'aile d'une légion [2].

Les inspecteurs des remontes [3].

Les fourbisseurs [4].

Les gardes-magasins des armes [5].

Le héraut et les trompettes [6].

XV. Toutes ces professions se rattachent de près ou de loin à l'art militaire ; mais depuis Constantin, ont été également exceptés une foule d'artisans dont on peut lire l'énumération dans la loi 1 et 2, Cod. Liv. X LXIV [7].

en dépôt auprès des enseignes. Il y avait dix bourses ou comptes de ce dépôt. En outre, et dans chaque légion, une onzième commune à tout le corps, recevait certains dépôts destinés aux frais de sépulture. Note de Pothier, 1. 49.

[1] Librarii caducorum. — Les dépôts dont il est question ci-dessus étaient propres aux soldats ; mais la légion avait une sorte de fisc qui s'enrichissait de certains profits caducaires, c'est-à-dire, la succession des militaires morts sans héritiers. Les livres de ce fisc étaient séparés des autres et tenus par ces employés. Note de Pothier.

[2] Adjutores corniculariorum. — Il y a doute sur le sens de cette expression. Très-probablement l'aile d'une légion était commandée par un officier, *cornicularius*, dont l'aide ou *adjutor* est ici désigné.

[3] Stratores. — Ils étaient chargés d'examiner, d'approuver les fournitures de chevaux militaires faites par les provinces.

4 Polliones. — Les fourbisseurs, ou *pelliones*, les pelletiers. V. Pothier.

5 Custodes armorum.

6 Præco, buccinator.

7 Architecti, medici, pictores, statuarii, marmorarii, lecticarii seu arcarii, clavicarii, quadrigarii vel quadratarii, structores id est ædificatores, sculptores ligni, muscarii, deauratores, albini, argentarii,

XVI. Après avoir parcouru d'une part la longue énumération de charges de toutes sortes qui pesaient sur les citoyens , et de l'autre la liste des professions exemptes, on se demande ce qui restait pour y satisfaire et on retrouve toujours cette classe moyenne véritable , *parias,* de la loi romaine, que sa position mettait également au-dessous des faveurs accordées à l'élévation du rang et au-dessus des soulagements accordés à l'humilité des professions mécaniques.

XVII. Certains colléges, certaines associations, lorsqu'elles étaient reconnues par la loi comme formées dans un intérêt public et général, jouissaient aussi de l'exemption des charges [1]. Les

barbaricarii, diatretarii, ærarii, fictores , signarii, fabricarii, brocharii, particarii atque libratores , figuli ,'acuifices , vitriarii , plumbarii , specularii, sculptores, dealbatores, cusores trigarii, cisiarii, braetearii. L. 1 , Cod. , De excus. artif.

Negotiantes vestiarios, linteones , purpurarios et particarios, qui devotioni nostræ deserviunt, visum est secundùm veterem consuetudinem ab omni munere immunes esse. L. 7, Cod., De exc. mun.

[1] Quibusdam collegiis vel corporibus, quibus jus coeundi lege permissum est, immunitas tribuitur : scilicet eis collegiis vel corporibus in quibus artificii sui causa unusquisque adsumitur : ut fabrorum corpus est, et si quâ eamdem rationem originis habent, id est, idcircò instituta sunt, ut necessariam operam publicis utilitatibus exhiberent, nec omnibus promiscuè , qui adsumpti sunt in his collegiis immunitas datur : sed artificibus duntaxat. Nec ab omni ætate alligi possunt, ut divo Pio placuit qui reprobavit prolixæ vel imbecillæ admodum ætatis homines. Sed ne quidem eos qui augeant facultates, et munera civitatum sustinere possunt, privilegiis, quæ tenuioribus per collegia distributis concessa sunt, uti posse plurifariam constitutum est. L. 5, §. 12, D., De jur. immun.

hommes pourvus de titres éminents, *illustres*,
et ceux qui avaient obtenus les premiers honneurs
de l'empire, ainsi que certains officiers de la
cour impériale, jouissaient d'une immunité générale [1]. Le plus complet et le plus étendu de ces
priviléges était accordé aux vétérans, après vingt
ans de service et un congé honorable [2], aux pro-

[1] Eos qui cum honore comitum, nomine magistrorum memoriæ
præficere, vel epistolis, vel libellis, item eos qui ibidem peragendis
signandique responsis nostræ mansuetudinis obsecundant : omnium
civilium munerum fieri jubemus exortis. Igitur qui ex eo gradu pa-
latio nostro adhæserint adesse sibi competentia privilegia glorientur :
qui verò superioribus dignitatibus creverint, nihil homines ejus loci
privilegio præsto sibi fuisse lætentur. L. 11, Cod., l. X, t. 46.

Maximarum culmina dignitatum, constitoriani quoque comites
notarii etiam nostri et cubicularii omnes atque ex cubiculâ ii qui ab
omnibus sordidis muneribus vindicentur. Cæteros autem palatina vel
militari intrà palatium prærogativa munitos ità demùm privilegium
simile contineat, si prioribus statutis se ad hujusmodi exceptionem
docuerint pertinere : ut non singulis indulta personis, sed in commune dignitati vel corpori hujusmodi beneficia doceantur fuisse
concessa, circà rhetores atque grammaticos eruditionis utriusque
vetusto more durante. Sordidorum verò munerum talis exceptio sit,
ut patrimoniis dignitatum superius digestarum nec conficiendi pol-
linis cura mandetur, aut panis excotio, aut obsequium pistrini, nec
paraveredorum hujusmodi juris, aut parangariarum præbitio mandetur exceptis his quibus ex more rhæticus limes includitur, vel expe-
ditionis illyricæ pro necessitate, vel tempore utilitas adjuvatur....
L. 12, *ibid*.

Sordidorum munerum excusatio delata personis ad hæredem suc-
cessoremve transire non potest. L. 13, *ibid*.

[2] A muneribus quæ non patrimoniis indicuntur veterani post op-
timi nostri Severi Augusti litteras perpetuò excusantur. L. 7, Dig.,
De vacat. et excus. muner. — L. 18, §. 29, D., De munerib. —
L. 5, §. 1, D., De veteranis. — L. 1, Cod., Quibus muner.

fesseurs, aux médecins '. En effet, non seulement les vétérans sont dispensés de charges personnelles, mais même de plusieurs des charges patrimoniales. Quant aux médecins et aux professeurs des arts libéraux (rhétorique, grammaire), aux philosophes, eux, leurs femmes et leurs enfants, ils sont exempts de presque toutes les charges. Dans certaines villes le nombre des premiers est limité ; mais les philosophes, en quelque nombre qu'ils se trouvent, sont toujours exempts. Il est remarquable que les poètes ne participent point

Veteranis ità demùm onerum et munerum personalium vacatio jure conceditur; si post vicesimum annum militiæ, quam in legione vel vexillatione militaverint, honestum vel causariam missionem consecuti esse ostendantur. L. 3, Cod. , De his qui non imp. sup.

¹ Ces exemptions sont un indice assez curieux du degré de faveur que les Romains croyaient devoir accorder à certaines professions. Ainsi les rhéteurs, les grammairiens, les médecins approuvés par l'ordre ou curie (au nombre de trois dans certaines villes, au nombre de sept dans d'autres), sont exempts de presque toutes les charges. Les philosophes le sont aussi, mais avec des restrictions : on les exempte des charges personnelles, mais on les soumet aux charges patrimoniales; parce que faisant profession de mépriser les richesses, ils ne doivent plus solliciter un privilége qui tend à les contredire. Les poètes, dans la patrie de Virgile et d'Horace, n'ont aucune exemption. Les interprètes en ont cherché la raison, et ne l'ont pas trouvée.

Minores quidem civitates possunt quinque medicos immunes habere, et tres sophistas, et grammaticos totidem; majores autem civitates septem qui curent, quatuorque doceant utramque doctrinam; maximæ autem civitates decem medicos, et rhetores quinque, et grammaticos totidem. Suprà hunc autem numerum ne maxima quidem civitas immunitatem præstat... Excedere quidem hunc numerum non licet neque sententià senatûs, neque alioquâ adventione ;

à cette faveur accordée aux œuvres de l'esprit[1].
Hormis les personnes que nous venons de désigner, nul ne peut être exempt des charges; le
proconsul, la curie, ne peuvent accorder de sem-
blables immunités, et le prince lui-même défend
d'avoir égard à celles qui lui auraient été arrachées
par importunité, ou qu'il aurait accordées par
erreur[2].

minuere autem licet quoniam pro civilibus adparet hoc tale factum.
L. 6, §. 2, D., De excusat.

Philosophis qui se frequentes atque utiles per eamdem sectam
contendentibus præbent, tutelas item munera sordida eorporalia alia
remitti placuit, non ea quæ sumptibus expediuntur. Etenim verò
philosophantes pecuniam contemnunt cujus retinendæ cupidine fic-
tam adservationem delegunt. L. 8, §. 4, D., De vac. — V. L. 6,
Cod., De mun. patr. — L. 8, Cod., De prof. et med.

Philosophorum autem non constitutus est numerus, quia rari sunt
qui philosophantur. L. 6, §. 7, D., De excus.

Medicos et maximè archiatros, vel ex archiatris, grammaticos et
professores alios litterarum, et doctores legum unà cum uxoribus, et
filiis necnon et rebus quas in civitatibus suis possident ab omni func-
tione et ab omnibus muneribus vel civilibus vel publicis immunes esse
præcipimus.... L. 6, Cod., De prof. et med.

[1] Poetæ nulla immunitatis prærogativa juvantur. L. 3, Cod., De
prof. et medic.

[2] Exceptis..... decurionum decreto immunitas nemini tribui potest. L. 1, Cod., De decret. decur. sup. immunit.

A muneribus decurionatus nec sententia præsidis in perpetuum....
præstat excusationes. L. 13, Cod., De decur.

Nemo judex aliquem suo arbitrio de curià liberet. L. 14, *ibid.*

Vacuatis rescriptis per quæ munerum civilium nonnullis est vacatio præstita, omnes civilibus necessitatibus aggregentur ut nec consensu civium vel curiæ præstita cuiquam immunitas valeat. L. 19,
ibid.

XVIII. Dans le nombre des charges que nous avons signalées, il en est deux principales, importantes, sur lesquelles il est nécessaire de donner quelques détails. Ce sont les missions ou députations de la ville, la défense des intérêts communs [1].

XIX. Lorsqu'il s'agit d'envoyer une députation à l'empereur, c'est ordinairement par l'assemblée des décurions qu'ils sont nommés, et cette nomination fait l'objet d'un décret. C'était un usage ancien dans la république romaine que ces sortes de missions, et dont on trouve la trace dans un grand nombre de passages des auteurs classiques; ainsi, les provinces, les cités, envoyaient des députés pour louer ou défendre quelque personnage, *proconsul-préteur,* pour demander la mention de leurs priviléges, saluer le prince ou le gouverneur de la province. Vers la fin de l'empire, ces députations ne venaient plus guère qu'apporter au pied du trône les seules doléances des cités, et, suivant l'expression de Valentinien, pleurer

---

[1] J. Godefroy, dans son commentaire sur le Code Théodosien, 1. 12, tit. 12, De legat., distingue quatre classes parmi ces députations. Les unes, dit-il, émanaient du sénat d'une cité (du sénat d'Alexandrie par exemple), les autres d'un corps de collége légalement autorisé, les députés des cités formaient une troisième classe, les députés de la province entière formaient une quatrième classe. Il ne faut pas confondre ces députés des provinces, organes des désirs de l'assemblée qui s'y tenait régulièrement et probablement chaque année, avec les députés des villes.

leurs malheurs [1]. C'est l'assemblée générale de tout le peuple réuni spontanément et sans qu'il ait besoin d'autorisation du président de la province, qui décidait de ces sortes d'ambassades et choisissait les députés ; le plus ordinairement ils étaient pris dans le corps des décurions [2]. Les instructions de ces députés étaient consignées par écrit sous forme de lettres [3], et le député n'avait d'autres pouvoirs que ceux ainsi exprimés. Chaque cité ne pouvait envoyer plus de trois députés [4] ; lorsque plusieurs villes voulaient envoyer une députation pour le même objet, elles devaient se réunir et ne constituer qu'une seule ambassade [5]. Il ne faut pas,

[1] Cic. ad Div. III, 8. — Pro Flacco, c. 26. — Pro Planc., c. 9. — Pro Cœl., c. 2. — In Verrem, passim. — Tacit., Ann., I, 79, – III, 60. – IV, 14. – XII, 62. – XIII, 48. — Plin., ep. X, 52. 50. — Cod. Theod., l. 9, De legat.

[2] Arg., l. 1, l. 4, §. 5, D., De legat.

[3] Si quis, vel civitatis, vel provinciæ, vel corporis alicujus, ità prosequi desideria voluerit, ut non omnia mandata litterarum decretorum auctoritate demonstret, inauditus et sine effecto, remeare protinùs jubeatur. L. 11, Cod. Theod., De leg. et decret.

[4] Præcipitur autem edicto divi Vespasiani omnibus civitatibus, ne plures quàm ternos legatos mittant. L. 3, §. 5, D., De leg.

[5] Cùm desideria sua singulæ civitates cupiunt explicare, non virilim legatos mittunt ad nostri numinis comitatum, sed tractatu habitoque conventu, tres à provinciâ qui petitiones advehant, delegentur : multæ competentis denuntiatione præstrictis, his qui provincias moderantur. L. 7, Cod. Theod., De legat.

Roth ne paraît pas avoir bien rendu le sens de cette loi dans le passage suivant de son ouvrage : admonentur vero edictis provinciarum civitates ut non singulæ tres legatos mittant sed habito concilio universæ.

On pourrait en conclure que le droit de députation individuelle

d'ailleurs, attacher à ce droit plus d'importance qu'il n'en avait réellement dans son exercice, car, il était soumis à des restrictions assez nombreuses.

1° Les instructions étaient transcrites sur les registres du gouverneur et envoyées au préfet du prétoire qui était chargé de repousser toute demande insolente, *impudentiorem*, et de satisfaire immédiatement aux demandes qu'il était en son pouvoir d'accorder [1].

2° Si la demande paraissait intempestive, non suffisamment ratifiée, etc., etc., les députés ne jouissaient pas, pour retourner, de la faveur des transports publics, et s'ils ne pouvaient justifier, par écrit, de leurs pouvoirs, ils étaient contraints de partir de suite [2]. Ainsi, les vœux des cités et des

est enlevé aux villes en toute matière, tandis que le contraire résulte des lois suivantes. Il faut admettre avec J. Godefroy, sur cette loi, que l'empereur a voulu seulement que là où plusieurs villes avaient la même plainte à exercer, elles n'envoyassent pas chacune leur députation, mais qu'elles se réunissent pour en choisir une. Quant aux plaintes locales particulières, chaque cité conserva le droit de les exprimer par une députation.

[1] Provinciales, desideriorum suorum decreta initio apud acta ordinariorum judicum prosecuti, ad sedis tuæ eminentiæ mittant, ut impudentior petitio refutetur, aut justior petita commoda consequatur. Si quæ autem ejus modi fuerint, quæ magnificentiam tuam probabili cunctatione destringant, super his satis erit consuli scientiam nostram, ità ut cunctus petitiones cum litteris tuis legatorum unus advectet. L. 3, Cod. Theod., De leg. — V. L. 4 et 15, *ibid*.

[2] Legati qui ad comitatum nostrum non cum necessariis desideriis et probabilibus rebus advenerint, cum injuriâ suî animalibus propriis revertentur. L. 6, 16. — V. 1. 22, hoc titulo.

provinces n'arrivaient au pied du trône que sous l'inspection des lieutenants impériaux et modifiés par eux[1].

Le père de trois enfants[2], le débiteur de la cité[3], celui qui en est indigne[4], sont exempts de cette charge, que l'on n'est obligé de remplir de nouveau qu'après un intervalle de deux ans entre la première et la seconde mission[5]. Nul ne peut se faire remplacer si ce n'est le père par son propre fils[6], et du jour où il en est chargé, un citoyen ne peut ni se livrer à la gestion de ses propres affaires, ni à la gestion de celles d'autrui. Tout ce qui lui est permis, c'est de repousser une injure ou de se prémunir contre le danger d'un préjudice

[1] Quæcumque civitas legatos ad sacrarium nostrum voluerit ordinare, libera ei tribuatur facultas : ut à te probata atque elimata ad nos desideria perferantur. L. 8, Cod., De legat.

[2] Pater trium incolumium liberorum legationibus publicis liberatur. L. 1, Cod., De legat.

[3] Sciendum est debitorem reipublicæ legatione fungi non posse, et ità divus Pius Claudio Saturnino et Faustino rescripsit. L. 4, D., De legat.

[4] Sed et eos quibus jus postulandi non est legatione fungi non posse, et ideò Hareno missum non jure legatum esse missum divi Severus et Antoninus rescripserunt. L. 4, D., De legat., §. 1.

[5] Paulus respondit eum qui legatione functus est intrà tempora vacationis præfinita non oportere compelli rursùm ad defendendum publicum negotium etiamsi de eâdem causâ litigetur. L. 8, D., De legat.

[6] Legati vicarios dare non alios possunt, nisi filios suos. L. 4, D., De leg. — V., à l'égard du fils qui a remplacé son père, l. 6, l. 13, *ibid*.

imminent[1]. Les députés ne reçoivent aucun traitement, mais une allocation, *viaticum*[2], destinée à les indemniser, pour le paiement de laquelle il leur est même accordé une action en justice contre leur patrie[3].

XX. Le syndic ou défenseur, qui se nomme aussi *actor*, est nommé ou par une loi particulière de la cité[4], ou par une résolution de la curie[5], prise régulièrement et à la majorité nécessaire, pour que les actes de cette assemblée soient valables; elle pent même déléguer aux duumvirs le choix du syndic. Ses fonctions ne sont point gé· nérales, et pour toute espèce d'affaires, mais toujours pour une affaire déterminée[6]. Il doit être

[1] Paulus respondit eum qui legatione fungitur neque propriis neque alienis negotiis se interponere debere. L. 8, Dig., De leg.

V. L. 11, D., *ibid.* — L. 12, D·, *ibid.*

Legatus antequàm officio legationis functus sit in rem suam nihil agere potest, exceptis his quæ ad injuriam ejus vel damnum parata sunt. L. 10, eod., D.

[2] Legati...... viaticum quod legativum dicitur interdùm solent accipere. L. 18, §. 12, D., De muner.

[3] Sed et legato qui in negotium publicum sumptus fecit puto actionem dandam in municipes. L. 7, De quod cujusque univers. nom.

[4] Nulli permittetur nomine civitatis vel curiæ experiri, nisi ei cui lex permittit, aut lege cessante ordo dedit, cùm duæ partes adessent, aut ampliùs quàm duæ. L. 3, D., Quod cujus univer.

[5] Si decuriones decreverunt actionem per eum movendam quem duumviri elegerint; et videtur ab ordine electus. L. 6, §. 1, Quod cuj. univers.

[6] Sed si ità decreverint ut quæcumque incidisset controversia ejus petenda negotium haberet Titius, ipso jure id decretum nullius mo—

capable de remplir la mission qui lui est donnée, et n'est point, en général, obligé de donner caution, *cavere*, à moins qu'il ne s'élève des doutes sur la légitimité de son mandat [1]. Les causes qui permettent de révoquer les pouvoirs d'un procureur ordinaire lui sont applicables [2] ; il représente non-seulement la personne de la cité en jugement, mais il peut être nommé pour représenter la cité dans certains actes judiciaires qui se passent sous forme de stipulation, quoiqu'il soit mieux de se servir d'un esclave public [3] ; telles sont les actions *damni infecti, legatorum, judicatum solvi*, etc.

XXI. Les charges si nombreuses, réparties sur les habitants, devaient soulager le patrimoine de chaque cité dont nous allons maintenant exposer le mode d'administration.

Ce patrimoine consistait 1° en redevances ac-

menti esse quia non possit videri de eâ re, quæ adhuc in controversiâ non sit decreto datam persecutionem. L. 6, §. 1, D., eod.

[1] Et quidem non esse actorem vel syndicum tunc quoque intelligimus cùm is absit aut valetudine impediatur, aut inhabilis sit ad agendum. L. 1, §. 2, ad fin.

Actor universitatis.... non autem compellitur cavere de rato. Sed interdùm si de decreto dubitetur, puto interponendum et de rato cautionem. L. 6, §. 3, D., Quod cujus. univers.

[2] Ex iisdem causis mutandi actores potestas erit ex quibus etiam procuratoris. L. 6, §. 3, D., Quod cuj. univers.

[3] Constitui potest actor etiam ad operis novi nuntiationem et ad stipulationes interponendas : veluti legatorum, damni infecti, judicatum solvi, quamvis servo publico potius civitatis caveri debeat, sed etsi actori cautum fuerit, utilis actio administratori rerum civitatis dabitur. L. 10, D., Quod cuj. univer.

quises, à divers titres, aux villes ; 2° en domaines affermés ; 3° en créances.

XXII. Les redevances étaient ordinairement perçues par les fermiers ; mais il était défendu au décurion d'affermer cette perception [1].

Les domaines publics étaient affermés par le sénat et à la diligence du curateur ; quelquefois le bail était fait à perpétuité, *emphytheose* [2].

Enfin, l'argent ne devait être prêté que sous la condition d'un intérêt suffisant et d'un gage destiné à assurer le remboursement [3].

XXIII. On ne trouve aucune loi qui permette l'aliénation des domaines possédés par les villes, d'où on tire naturellement la conséquence qu'en règle générale et pour tous les domaines d'ancienne origine, cette aliénation n'était pas permise ; à l'égard de ceux récemment acquis (par succession, legs, fidéicommis, donation, etc.), une loi de l'empereur Léon en permet l'aliénation sous certaines conditions, qui sont : 1° pour la capitale une autorisation impériale ; 2° pour la province, un décret rendu par une assemblée compo-

---

[1] Qui fide jusserint pro *conductore vectigalium*. L. **2**, §. **12**, D., De adm. rer. ad civ. pert.

Decurio etiam suæ civitatis vectigalia exercere prohibetur. L. **6**, §. 2, D., De decur.

[2] Agri publici qui in perpetuum locantur. L. **11**, §. **1**, D., De publicanis.

[3] ..... Ne pecuniæ publicæ prædantur sine pignoribus idoneis vel hypothecis.

sée de la majeure partie des honorés, *honorati,* curiales et possesseurs de la cité, et dans laquelle chacun d'eux doit séparément, en présence des saints Évangiles, donner son avis sur l'utilité dont la vente peut être à la cité[1].

Il est une autre exception pour le cas où une cité ne se fait pas représenter devant le proconsul. Ce magistrat envoie le demandeur en possession de ce qu'elle possède, et si cette première mesure n'obtient aucun résultat, il ordonne la vente de ces mêmes biens[2]. Dans le même cas, si la cité

[1] Si quæ hæreditatis, vel legati, seu fideicommissi, aut donationis titulo, domus, aut annonæ civiles, aut quælibet ædificia vel municipia ad jus inclytæ urbis, vel alterius cujuslibet civitatis pervenerint : super his licebit civitatibus venditionis pro suo commodo inire contractum : ut summa pretii exindè collecta ad renovanda sive restauranda publica mœnia dispensatu proficiat. Indefessa verò cura prospicientis, ne quis adversùs civitatum commoda quæquam moliri possit incommodi, sed sine ullâ fraude, seu nuntiatione, vel colludio, seu conniventia hujusmodi venditiones procedant : hoc etiam in posterum observandum esse censemus, ut si quidem ad hanc inclytam urbem demùm, vel civiles annonas, aut alia quælibet ædificia, vel mancipia pertinentia contigerit venundari : non aliter nisi imperiali auctoritate vendantur, in provinciis verò præsentibus omnibus, seu plurimâ parte, tam curialium quàm honoratorum et possessorum civitatis, ad quam res prædictæ pertinent, propositis sacrosanctis scripturis, sigillatim unumquemque eorum qui convenerint jubemus sententiam, quum putet utilem patriæ suæ designare : ut ità demùm decreti recitatione in provinciali judicio interveniente, emptor competentem possit habere cautelam. Hos autem venditionum contractus, sive jam completi fuerint, sive posteà ineundi fuerint stabiles esse censemus. L. 3, Cod., De vend. reb. civit.

[2] Quod si nemo eos defendat, quod eorum commune erit possi-

ne possède aucun immeuble, le proconsul autorise ses créanciers à se faire payer directement de ce qui leur est dû par les propres débiteurs de la cité ; c'est, comme l'a très-bien remarqué Pothier, la saisie-arrêt moderne [1].

XXIV. On range aussi dans le patrimoine des villes les lieux et ouvrages publics tels que, les places publiques, les basiliques, quoiqu'en réalité l'usage en soit commun à tous les habitants, et qu'ils soient plutôt occupés par eux indistinctement, que possédés par la ville elle-même [2].

XXV. La majeure partie des dépenses publiques consiste dans l'entretien de ces bâtiments, édifices, ouvrages publics (les murs, les ponts, les aqueducs, les portiques, les prisons, les auditoires de justice, les bains, les basiliques, les ports, les écuries).

XXVI. La curie ne peut en construire de nouveaux sans une autorisation impériale [3] ; mais elle

deri, etsi admoniti non excitentur ad sui defensionem venire se jussurum proconsul ait. L. 1, §. 2, D., Quod cuj. civit.

[1] Civitates si per eos qui res earum administrant non defenduntur, nec quidquam est corporale reipublicæ quod possidetur, per actiones debitorum civitatis agentibus satisfeceri oportet. L. 8, *ibid.*

[2] Universitatis sunt non singulorum veluti quæ in civitatibus sunt theatra, et studia, et similia, et si quæ alia sunt communia civitatum. L. 6, D., De rerum divisione. — V. la loi 22, D., De acq. vel amiss. possessione.

[3] Publico.... sumptu opus novum sine principis auctoritate fieri non licere constitutionibus declaratur. L. 3, D., De op. pub.

Ceci doit s'entendre des ouvrages construits aux frais des villes,

peut, de sa propre autorité, refaire ceux qui existent déjà. Lorsqu'une libéralité a été faite à un municipe pour employer l'argent à des ouvrages publics, il est enjoint aux villes de réparer les anciens édifices plutôt que d'en construire de nouveaux, à moins, toutefois, que le testateur n'en ait autrement disposé[1]; car, à moins d'une autorisation expresse du prince, il est défendu d'employer à un autre usage que celui indiqué par le testateur, ce qu'il a donné avec une indication spéciale et déterminée[2]. Le tiers de tous les revenus municipaux est réservé pour être employé à ces travaux publics[3], sous la direction et la sur-

quand, au contraire, l'ouvrage était fait aux frais des particuliers, il pouvait l'être sans autorisation; il n'y avait exception que pour les amphithéâtres, les cirques, les théâtres, et dans les circonstances où la rivalité de ville à ville, excitée par ces ouvrages, pouvait troubler l'ordre public. On ne pouvait placer sur l'édifice d'autre nom que celui du prince ou de la personne qui avait fait les frais de l'édifice. L. 3, D., De op. public. — L. 6., *ibid.* — L. 3, §. 2. — L. 4., *ibid.*

[1] Pecuniam quæ in opera nova legata est potius in tutelam eorum operum quæ sunt convertendum, quàm ad inchoandum opus erogandum, divus Pius rescripsit : scilicet si satis operum cursus habeat, et non facile ad reficienda ea pecunia inveniatur. L. 7, D., De oper.

Nisi ad opus novum pecunia specialiter legata sit, vetera ex hâc reficienda sunt. L. 5, D., De adm. rer. ad civ. pert.

[2] Legata municipio pecunia in aliam rem quam defunctus voluit, convertere citrà principis auctoritatem non licet. L. 4, D., De adm. rer. ad civ. pert. — L. 21, §. 3, D., De ann. legat. — L. 16, 1. 17, De usu et usuf. et red.

[3] Restaurationi mœnium publicorum tertiam portionem ejus canonis qui ex locis fundisve reipublicæ annuâ præstatione confertur certum est satis posse sufficere. L. 3, Cod., De div. prædiis.

veillance du curateur, qui, responsable envers la cité dont les intérêts lui sont confiés, agit contre les entrepreneurs de ces travaux, pour les contraindre à une bonne et complète exécution [1].

XXVII. Les seuls salaires que les villes peuvent accorder, sont les traitements des professeurs et des médecins; ceux-ci, en effet, sont non-seulement approuvés par la curie, mais, en outre, payés aux frais du trésor municipal [2]; on ignore le montant du traitement qui leur était accordé, les députés recevaient, comme nous l'avons dit, une indemnité de voyage, et quant à la dépense nécessaire pour acquérir du blé, c'est simplement une avance dans laquelle la ville rentre promptement, et qui ne peut se compenser avec aucune somme par elle due. Nous avons également dit

[1] Curatores operum cùm redemptoribus negotium habent, respublica autem cum his, quos efficiendo opere præstituit : quatenùs ergò et quis, et cui obstructus est, æstimatio præsidis provinciæ est. L. 2, D., De op. publ.

[2] Le *traitement* était une chose si parfaitement inconnue des anciens, qu'on ne trouve même pas le mot *salarium* dans les écrivains de l'antiquité. Ce fut Vespasien qui accorda le premier aux rhéteurs une indemnité annuelle et sur le trésor impérial. Il paraît même résulter d'une lettre de Pline (IV, 13) que les villes n'avaient pas ce pouvoir. Antonin-le-Pieux donna un traitement à tous les professeurs et dans toutes les provinces.

Il paraît que les philosophes n'avaient droit à aucun traitement, et toujours par cette raison qu'ils doivent mépriser l'argent.

An et philosophi professorum numero sint ? et non putem, non quia non religiosa res est, sed quia hoc primùm profiteri eos oportet, mercenariam operam spernere. D., L. 1. §. 4., De extraor. cog.

qu'il était fourni des aliments aux décurions ruinés par leur générosité dans l'exercice de leurs fonctions.

XXVIII. Il nous reste à parler des jeux, des spectacles, ces deux choses importantes aux yeux des Romains, et qui occupaient tant de place dans la vie du peuple. Il y avait des domaines dont les revenus étaient spécialement affectés à la célébration des jeux et des spectacles[1], et quoique le sénat eût autrefois défendu d'employer à cette destination l'argent légué pour des combats ou des spectacles[2]; cette prohibition ne produisit aucun effet.

Il fallait de ces divertissements à la populace romaine; on connaît le cri fameux *panem et circenses*, et là, où le patrimoine des villes était insuffisant, les magistrats célébraient les jeux à leurs propres frais[3].

XXIX. Dans le système romain, dans ce système qui rejetait sur chaque habitant individuellement, une partie des travaux publics, les dépenses réelles étaient, comme il est facile de le remarquer, peu nombreuses et peu considérables.

---

[1] Novell. majoriam III, L. un., Cod., De exp. lud. publ.

[2] Sed municipio pecuniam legatam, ut ex reditu ejus venatio aut spectacula edantur, senatus in eas causas erogari vetuit. L. 4, De adm. rer. ad civ. pert.

V. L. 122, D., De legat. — L. 1, 6, 24, D., De annuis legat. — L. 17, D., De usu et usuf. leg. — L. 68, princ., D., Ad leg. falcid.

[3] Ils n'y étaient pas contraints toutefois. L. 1, Cod., De spect.

Le trésor municipal aurait donc dû rester dans un état constant de prospérité ; cependant , il en était autrement , ainsi que le cours de cet exposé l'a déjà fait connaître. Ces réglements étaient pourtant d'une rigueur extrême , pour tout ce qui concerne la responsabilité des officiers municipaux, et ils étaient combinés , de telle sorte , qu'il est à peine possible d'imaginer les cas où les cités devaient éprouver quelque préjudice. En effet , indépendamment de cette répartition universelle des charges, le président de la province est tenu d'annuler les nominations contraires à la loi[1] , de veiller à ce que le patrimoine des cités s'accroisse[2], et à ce qu'on appelle aux magistratures ceux à qui la fortune permet de mieux et plus largement pourvoir aux dépenses qu'elles entraînent[3].

XXX. Magistrats ou curateurs , tous ceux qui participent à l'administration municipale étant , à l'égard de celles-ci , assimilés aux tuteurs , doivent y apporter la plus exacte diligence et répondent , suivant le langage des jurisconsultes , de la faute même la plus légère[4]. Ainsi , le magistrat qui

---

[1] L. 3, §. 15, D., De muner. — L. 1, Cod., Sumptus injuncti. mun. — L. 1, 1. 3, 1. 4, Cod., Quemadmodum civilia. — L. 1 , Cod., De muner.

[2] L. 7, §. 1 , D. , De off. procons. — L. 5 , §. 1 , D. , De oper. publ. — L. 1, 1. 2, Cod., De serv. resp. manumitt. — L. 33, D. , De usur. — L. 5 , princ. , D. , De oper. publ.

[3] L. 21 , §. 3 , D. , De ann. leg. — L. un., Cod., De exp. lud.

4 Magistratus reipublicæ non dolum solum modo sed et latam negli-

n'a pas exigé le remboursement de l'argent légué
à la cité , et qui a négligé de l'assurer par une caution , est tenu de payer la somme perdue avec ses
propres deniers [1]; il doit, de plein droit, les intérêts des fonds publics qu'il a perçus et qu'il dé-
tient , soit pendant sa gestion , soit après [2] ; il en
est de même du curateur pour l'argent destiné
aux travaux publics et qu'il a conservé [3]. Celui qui
a affermé, sous caution , les immeubles ou la perception des revenus de la ville , est responsable de
l'insolvabilité du fermier [4]. Celui qui a emprunté,
pour elle , est seul obligé, à moins qu'il ne prouve
que l'argent a été employé dans l'intérêt général
et commun [5]. Les comptes des curateurs sont sujets à révision , même après dix années [6].

Les entrepreneurs des travaux publics, les curateurs préposés à leur construction , ainsi que
leurs héritiers, sont responsables, pendant quinze

gentiam et hoc ampliùs etiam diligentiam debet. L. 6, Dig., De adm.
rer. ad civ.

Municipes intelliguntur scire quod sciant hi quibus summa respublica commissa est. L. 14, Ad municip., D.

[1] L. 38, §. 2, D., Ad municip. — L. 2, Cod., De adm. rer.
publ.

[2] L. 9, §. 10, D., Adm. rer. ad civ. pert. — Nisi si quid alle-
gari possit, quâ ex causâ tardius intulisset.

[3] L. 9, D., De ad. rer. ad. civ. pert. — L. 17, §. 7, D., De
usuris.

[4] L. 3, §. 1, D., De adm. rer. ad civ. pert.

[5] L. 27, D., De reb. credit.

[6] L. 8, D., De adm. rer. ad civ. pert.

années, de ces ouvrages [1]. Le magistrat ou le curateur qui a laissé perdre les deniers publics, est tenu de les restituer, quand même on ne pourrait lui reprocher aucune faute ; seulement, et dans ce cas, il n'est tenu d'aucun intérêt, tandis qu'il doit ajouter ces mêmes intérêts au principal, quand il est en faute [2].

XXXI. Il arrivait assez souvent que plusieurs personnes étaient choisies pour la même magistrature, pour le même office ; alors ils étaient tous solidaires : vainement ils auraient partagé les devoirs de leurs charges, l'intérêt public était indivisible, un seul répondait pour tous, et quand bien même ils n'auraient pas été chargés d'une collaboration commune, le magistrat qui n'a pas administré peut être déclaré responsable des faits de ses collègues ; quand celui-ci et ses cautions sont insolvables, la loi considère comme responsable de la faute celui qui pouvait l'empêcher et qui a négligé de le faire [3]. Enfin, pour

[1] Omnes quibus vel cura mandata fuerit operum publicorum, vel pecunia ad extructionem solito more credita, neque ad annos quindecim ab opere perfecto cum suis hæredibus teneantur obnoxii, ità ut si quid vitii in ædificatione intrà præstitum tempus pervenerit, de eorum patrimonio exceptis tamen his casibus qui sunt fortuitè, reformetur. L. 8 : Cod., De oper. publ.

[2] L. 9, §. 9, D., De adm. rer. ad civit. — L. 4, Cod., Quo quisque ordine. — L. un., Cod., De his qui ex officio.

[3] L. 3, De ad. rer. ad civit. pert. — L. 11, 1. 13, D., Ad mun. — L. 25, eodem. — L. 9, §. 8, De adm. rer. ad civ. pert. — L. 1, Cod., De peric. nom.

compléter à l'une des précautions, les magistrats municipaux doivent, avant d'entrer en fonctions, assurer par des gages le remboursement de ce qu'ils pourront devoir à la cité [1]. Cette responsabilité si rigoureuse s'étendait encore des magistrats eux-mêmes à ceux qui les avaient nommés [2]; on les regardait comme cautions des choses qu'ils avaient indiquées. Comme une autre conséquence de ce système, le père qui permettait au fils placé sous sa puissance de devenir décurion [3], le citoyen qui adoptait un décurion répondait pour lui [4]. Si le père refusait son assentiment, alors le fils restait toujours aggrégé, mais le père cessait d'être obligé pour lui. Il en était de même du fils émancipé, pourvu que l'émancipation ne fût pas faite uniquement et en fraude des droits de la cité [5].

XXXII. Quelques règles, quelques tempéramments d'équité, étaient pourtant adoptés dans cette jurisprudence; ainsi, la caution n'était tenue que des engagements qu'elle avait pu prévoir

---

[1] L. 38, §. D., Ad municip.

[2] L. 11, §. 1, D., Ad mun. — Cod., De periculo nominator.

[3] L. 2, D., Ad munic. — L. 7, §. 3; D., De decur. — L. 2, D., De muner. — L. 21, §. 3, D., Ad munic.

[4] L. 7, De adm. rer. ad civ. — L. 21, §. 2, D., Ad munic. — L. 15, D., De mun. — V. tamen L. 20, §. 7, De fam. ercis., et la conciliation de Roth, p. 141, not. 379.

[5] L. 3, §. 4, 5, D., De mun. — L. 5, Cod., De decur. — L. 1, Cod., De fil. famil. — L. 38, §. 4, D., Ad munic.

au moment où elle avait contracté, elle ne répondait dès-lors ni des peines, ni des amendes qui pouvaient être infligées aux magistrats à l'occasion de leurs fonctions, ni de celui qu'ils désignaient pour leur succéder [1].

Le magistrat lui-même était affranchi de toute responsabilité à l'égard de son successeur, si au moment où il l'avait désigné et pendant le temps où il était encore en charge lui-même, ce successeur était apte à remplir ses fonctions ; car la responsabilité ne s'étend qu'aux actes accomplis pendant la durée de la magistrature, et non aux faits postérieurs [2]. Les cautions, et tous ceux qui sont obligés de payer pour un autre, ne doivent aucun intérêt [3], et la responsabilité se restreint aux cas et aux personnes expressément désignées par la loi [4]. Enfin, l'ordre de la responsabilité est également déterminé par la loi. Si l'acte de nomination ne porte pas que la charge sera remplie par tous les élus, comme on doit s'adres-

---

[1] L. 68, princ., D., De fidejuss. — L. 17, §. 15, D, Ad mun. — L. un., Cod., De pericul. eorum qui pro magistrat. — L. 17, §. 14, D., Ad munic. V. tamen L. 2, §. 2, D., eod.

[2] L. 15, §. 1, D., Ad munic. — L. 2, §. 7, D., De adm. rer. ad civ. — L. 1, Cod., De pericul. nomin. — L. 36, §. 1, Ad municip. — L. 3, §. 1, D., De adm. rer. ad civ.

[3] L. 21, §. 1. — L. 24, D., Ad munic. — L. 9, princ., D., De adm. rer. ad civit.

4 L. 14, Cod., De decur. — L. 16, §. 2, D., De muner. — L. 3, §. 3, D., De adm. rer. ad civit.

ser d'abord à celui qui a administré ou à son hé-
ritier, ensuite à sa caution, ce n'est qu'en dernier
lieu que les collègues sont appelés à payer pour
lui [1]. Si l'administration devait être commune,
les collègues du magistrat administrateur sont
placés les premiers dans l'ordre de la responsabilité, les cautions et ceux qui ont nommé ne
viennent qu'après eux [2].

XXXIII. Cette législation, dont nous venons de
présenter l'exposé, ne manquait, certes, ni de
grandeur ni d'habileté ; les vrais principes d'une
bonne administration s'y trouvent définis avec
ce soin et cette logique judicieuse qui brillent
dans l'ensemble aussi bien que dans les diverses
parties de la législation romaine. Et pourtant elle
a produit des fruits amers. C'est, dans tous les
historiens, un accord unanime pour déplorer
l'état misérable des cités à la fin de l'empire, la
malheureuse condition des décurions et les vexations dont ils étaient en même temps les victimes
et les auteurs.

*Quænam enim sunt non modo urbes, sed etiam
municipia atque vici, non quot curiales fuerint tot
tyranni sunt ; quis ergo locus est, ubi, non à principalibus civitatum viduarum et pupillorum vis-*

---

[1] L. 38, §. 2, D., Ad mun. — L. 9, §. 1, D., De adm. rer. ad
civit. — L. 1, D., De oper. publ. — L. 4, Cod., Quo quisque
ord. — L. 11, Ad mun., D.

[2] L. 2, Cod., Quo quisque ord. — L. 1, eod.

cera devorentur, s'écrie Salvien, et il a raison, car il devait en être ainsi.

Le régime municipal romain, donné par un conquérant à des peuples conquis, portait avec lui un mauvais principe, *la perception de l'impôt par les membres de l'administration municipale eux-mêmes.* Tant que la république fut prospère, tant qu'il y eut quelque justice dans l'administration, ce principe ne porta pas toutes ses conséquences; mais, quand les jours devinrent mauvais, quand le despotisme et l'avidité du fisc ne connurent plus de bornes, quand l'impôt fut exagéré, les curies furent tout-à-la-fois opprimées et instrument d'oppression : chaque rigueur du fisc frappait sur elles pour atteindre la population, et comme la responsabilité était extrême, la dureté, l'exigence devaient l'être également. Ainsi, l'administration de la cité par elle-même, au lieu d'être une cause de protection pour les citoyens, devint un moyen de persécution, et elle dut devenir odieuse parce qu'elle était l'instrument immédiat du mal, et que le peuple, ne s'occupant guère des causes premières de ses souffrances, s'en prend ordinairement aux seuls agents immédiats, à ceux avec lesquels il est en contact.

Indépendamment de ce mauvais principe et de ses fatales conséquences, l'organisation municipale des Romains portait avec elle deux autres vices: 1° la dérogation au principe de l'égale répartition des charges; 2° l'exagération de cet autre principe, vrai, que chaque citoyen se doit à l'administration de son pays.

C'est là un enseignement qui ne doit pas être perdu pour aucun législateur. De principes vrais, salutaires, mais exagérés ou mal appliqués, peut découler un mal extrême, et la logique, dans ses déductions rigoureuses, ne peut s'appliquer d'une manière absolue au gouvernement des hommes. Ainsi, c'était une chose bonne que de faire contribuer chaque citoyen au bien-être de la cité, mais cette chose est devenue mauvaise du jour où une dérogation malheureuse admit quelques exceptions et établit une inégalité dans la répartition des charges. Le mal est né de la violation du principe. C'était aussi une chose bonne que d'exiger que chaque citoyen s'acquittât convenablement de ce qui lui était imposé et répondît de sa négligence; mais cette responsabilité extrême, cet enchaînement de dispositions imaginées pour la rendre efficace, ont été un mal; ici, l'exagération du principe a tout compromis, et à force de logique, la loi est devenue un tyran inexorable.

Montesquieu dit[1] avec raison, que la corruption des principes d'un gouvernement est toujours une cause de ruine pour ce gouvernement. Cette vérité est évidente pour l'organisation municipale,

---

[1] Esprit des lois, liv. VIII, ch. VI et suiv.

elle devait périr par la corruption même de ses principes, et en Orient, là, où les barbares [1] ne détruisirent pas l'administration romaine, le système municipal ne put subsister, et l'empereur dut lui-même l'effacer des codes impériaux comme une institution usée et devenue désormais inutile.

[1] Quand nous parlerons de l'état des muuicipes sous les barbares, nous constaterons une sensible amélioration, résultat de la conquête, amélioration à laquelle ils durent, sans doute, leur conservation.

—

DEUXIÈME PARTIE

EXPOSÉ

DE LA LÉGISLATION.

Transition. — Division de la législation municipale. — Existence civile des cités. — Organisation administrative. — Magistratures et honneurs municipaux. — Administration économique des municipes.

APRÈS avoir rapidement esquissé l'histoire du droit municipal des Romains, il nous reste à faire connaître ce droit en lui-même et pris, non plus à telle ou telle époque, mais dans son ensemble, tel qu'il a servi de modèle au droit municipal de la France, ainsi qu'au droit municipal de presque toutes les nations européennes ; à cet effet nous traiterons successivement :

De l'existence civile et de la condition des cités municipales ;

De la curie ou corps des citoyens appelés à l'administration ;

Des honneurs, des magistratures et des autres officiers inférieurs de la cité ;

De l'administration intérieure des villes.

CHAPITRE PREMIER.

I. Division des droits reconnus aux cités par la législation romaine.

I. On peut réduire à quatre les droits accordés ou reconnus à la cité par le droit romain :

1° L'existence civile, la qualité d'être, d'agir dans le droit comme une personne ;

2° Le droit de propriété, c'est-à-dire, d'acquérir, de posséder, d'aliéner ;

3° Le droit d'administration séparée et distincte, soit des autres villes, soit de l'administration.générale de l'état ;

4.° Le caractère public et privilégié de cette administration.

§. Ier.

II. Distinction entre les êtres physiques et les êtres purement moraux, création de la loi. — III. Nécessité de l'intervention de celle-ci pour régulariser l'existence de fait des communes. — Exemple de cités privées de la personnalité civile.

II. La nature ne crée que des individus ; le droit seul peut faire des colléges, des êtres collectifs qui, à l'aide d'une fiction, ont une existence propre, particulière, distincte des hommes qui les composent, et qui prenant dans la société le nom, la place d'une personne, *vices personæ sustinentes*, sont appelés personnes civiles, êtres de raison, par opposition aux êtres qui ont tout à la fois l'existence physique et l'existence civile. Il n'y a guère de législation qui ne comporte la reconnaissance d'un certain nombre d'êtres de ce genre, et surtout qui ne reconnaisse aux cités cette existence qui, pour elle, résulte de la nature même des choses.

III. Toutefois, et par cela même qu'elle est une création du droit civil et positif, l'existence des cités a besoin d'être reconnue et confirmée par l'autorité du souverain; sans quoi, elles forment bien une aggrégation d'hommes et d'habitations, mais nullement [un être moral, une personne civile. [1] Cette distinction était bien reconnue, bien tranchée dans le droit romain, et l'on voit après la guerre punique, Capoue cesser d'être un corps de ville, un municipe, quoique ses murs fussent debout, quoiqu'elle fût habitée par un peuple nombreux [2]; de là aussi cette conséquence, que

[1] Neque societas, neque collegium, neque hujusmodi corpus passim omnibus conceditur nam et legibus, et senatusconsultis, et principalibus constitutionibus ea res coercitur. **L. 1, D.** quod cujuscumque universitatis nomine.....

[2] .... Urbs servata est, ut esset aliqua aratorum sedes. Urbi frequentendæ multitudo incolarum libertinorumque et institorum opificumque retenta : ager omnis et tecta publica populi romani facta. Cæterum habitari tantum tanquam urbem, Capuam, frequentarique placuit : *corpus nullum civitatis*, nec senatus, nec plebis concilium, nec magistratus esse. Sine consilio publico, sine imperio multitudinem nullius rei inter se sociam, ad consensum inhabilem fore :

l'existence civile peut être enlevée à une cité, quoique ses habitants conservent leurs biens et que la ville reste intacte matériellement. La suite de cette histoire nous montrera ce principe fréquemment appliqué dans le moyen-âge.

§. II.

IV. Droit de propriété reconnu aux cités. — V. Restrictions de l'ancien droit relativement à la capacité d'acquérir, levées par le nouveau.

IV. Chaque cité avait le droit d'être propriétaire et de posséder des biens distincts , soit des biens de chacun des citoyens en particulier, soit du domaine public de l'empire [1]; aussi voit-on mentionnés dans les auteurs , les immeubles des villes, leurs redevances , *vectigalia*, et leurs revenus particuliers [2] qui étaient exclusivement em-

---

præfectum ad jura reddenda ab Româ quotannis missurum. Tit. Liv., XXVI. — XVI.

[1] Universitatis sunt non singulorum, veluti quæ in civitatibus sunt theatra et stadia, et similia et si quæ alia sunt communia civitatum. Ideòque nec servus communis civitatis, singulorum pro parte intelligitur, et ideò tam contrà civem quàm pro eo posse servum civitatis torqueri divi fratres rescripserunt. D., De rer. divis. , l. 6, §. 1.

Statuas in civitate positas civium non esse ; dare tamen operum prætorem oportere, ut quod ea mente positum est in publico , ne liceret privato auferre nec ei qui posuerit. D., l. 44, De acq. rer. dom.

[2] Vectigalia quæcumque quælibet civitatis sibi hac suis curiis ad angustiarum suarum solatia quæsierunt, sive illa functionibus curia-

ployés aux dépenses locales[1]. Les édifices publics, les bains, les places , les basiliques et tout ce qui contribue à l'ornement des cités, étaient compris dans leur patrimoine. Il y avait même des défenses expresses , souvent renouvelées aux présidents des provinces , de dépouiller les villes de leurs ornements, et aux décurions de se prêter à de pareilles spoliations [2]. Toutefois, l'ancien droit ne permettait aux villes ni de recevoir des legs , ni de recueillir une hérédité. Nous avons mentionné plus haut l'époque où cette faculté s'est introduite dans la législation des empereürs [3] : alors , tous les moyens d'acquérir la propriété furent permis aux municipes, et on leur reconnut même le droit de posséder, quoiqu'un être collectif et purement moral soit incapable de

lium ordinum profutura sunt, sive quibuscumque aliis earumdem civitatum usibus designantur : firma his atque ad habendum perpetua manere præcipimus, neque nullam contrariam supplicantium super his molestiam formidari. Cod., De vect. et comm. , 1. 10.

Ego Tusculanis pro aquâ crabrâ vectigal pendam , quia à municipo fundum accepi : si à Syllâ mihi datus esset, Tulli lege non penderem. Cic., De lege agrar., or. III.

Voyez comme exemple de certains revenus particuliers propres à certaines villes, le §. 25 de la loi 18, au Code De muneribus , transcrite ci-après , chapitre 3,

[1] L. 10 suprà, Nov. CXXVIII, 16. — V. cependant, l. 18, Cod. Theod., De op. publ. — l. 26, eod.

[2] L. 1, 14, 37, Cod. Theod., De op. publ.

[3] L. 117 , 122, Dig., De legatis. — L. 12, Cod., De hær. inst., v. sup. p. 37.

l'appréhension corporelle [1] que suppose la possession.

§. III.

VI. Indépendance administrative, caractère spécial de la législation municipale des Romains. — **VII.** Observations au sujet des pouvoirs délégués aux administrateurs, et des pouvoirs restés aux mains du peuple entier.

VI. Le caractère propre, remarquable des cités municipales et de la législation romaine, c'est le droit d'administration indépendante. Retranchez ce droit, donnez à la cité pour administrateurs des fonctionnaires du gouvernement, et aussitôt l'esprit municipal s'évanouit, il ne reste plus qu'une branche de l'administration générale, étrangère à la sollicitude comme à l'intervention des citoyens. La législation romaine a constamment respecté ce droit, et telle est probablement la cause de la perpétuité de son régime municipal et de l'attachement que lui ont conservé les citoyens au milieu des révolutions et des calamités les plus diverses. Ainsi, l'adminis-

---

[1] Municipes per se nihil possidere possunt, quia uni consentire non possunt.

Forum autem et basilicam, hisque similia non possident, sed promiscuè his utuntur. Sed Nerva filius ait per quem servum peculiariter adquisierint et possidere et usucapere posse. Sed quidam contrà putant quoniam ipsos servos non possideant. L. 1, §. 22, Dig., De acq. vel omiss. poss.

Sed hoc jure utimur ut possidere et usucapere municipes possint itque eis per servum et per liberam personam adquiratur. L. 2, *ib.*, Ulpianus, lib. 70, Ad edictum.

tration de la cité par un certain nombre de citoyens choisis et connus sous le nom de décurions, tel est le droit du peuple inhérent à chaque cité, et ce pouvoir des citoyens sur eux-mêmes va jusqu'à l'établissement d'une juridiction civile et de police dont nous avons déjà dit quelques mots et sur laquelle nous reviendrons par la suite. A côté de ces magistrats, de ces administrateurs locaux, veille le gouvernement impérial surveillant l'administration, et son rôle est celui du tuteur d'un mineur, d'un curateur [1].

VII. Toutefois, les pouvoirs de la cité ne sont pas tous et universellement délégués, il en est plusieurs que l'assemblée entière des citoyens conserve, et ainsi, tout en négligeant ce qui est particulier à certaines provinces, à certaines villes [2], on voit que les médecins [3], les défenseurs de la cité [4], les curateurs, les officiers chargés des provisions de froment [5], sont nommés par l'as-

---

[1] Voyez ci-après.

[2] Plin., ep. X, III. — L. 1, Cod. Theod., Quemad. munera.

[3] Medicorum intrà numerum præfinitum constituendorum arbitrium non præsidi provinciæ commissum est, sed ordini et possessoribus, cujusque civitatis : ut certi de probitate morum et peritiâ artis eligant ipsi quibus se liberosque suos in ægritudine corporis committant. L. 1, Dig., De decr. ab ord. faciend.

[4] .... Ità enim eos (defensores) præcipimus ordinari, ut reverendissimorum episcoporum, necnon clericorum et honoratorum, ac possessorum et curialium decreto constituantur. L. 19, Cod., De episc. audientiâ, 505. — Nov. XV.

[5] Sed (jubemus) neque provinciarum judices aut eorum officia,

semblée générale des citoyens. C'est aussi cette assemblée qui est appelée à décider de la vente des choses communes et qui se réunit à cet effet sur la convocation des décurions [1] ; et quand il s'agit de députer vers le prince , c'est toujours le corps entier de la ville qui ordonne la députation; c'est l'assemblée des décurions qui choisit les députés [2].

§. IV.

VIII. L'administration municipale est considérée comme administration publique, et le patrimoine communal appelé domaine public. — IX. Conséquences. — Péculat. — Prescription. — Recouvrement des créances municipales. — Intérêts. — Simples promesses. — X. Assimilation des cités aux mineurs. — *Restitutio in integrum.* — Responsabilité des administrateurs. — XI. Subordination du pouvoir municipal au pouvoir central. — La cité est en ce cas considérée comme personne privée.

VIII. Ce qui caractérise également l'administration des communes, c'est qu'à la différence des particuliers ou des corporations privées, cette administration participe du caractère public et privilégié de l'administration de l'état ; aussi, il

aut alium quemlibet omninò participium habere aliquod ad prædictas pecunias, aut eorum dispensationi semetipsum miscere, sed civitatis sanctissimum episcopum et primates, necnon et ejus possessores constituere quidem patrem civitatis, et frumentarios, et alios hujusmodi dispensatores. Nov. CXXVIII, c. 16.

[1] Præsentibus omnibus seu plurimâ parte tam curialium quàm honoratorum et possessorum civitatis, ad quam res prædictæ pertinent, propositis sacrosanctis scripturis, sigillatim unumquemque eorum qui convenerint, jubemus sententiam quam putet utilem patriæ suæ designare. Cod. , De vend. reb. civ. , 1. 23.

[2] Si quod extraordinarium concilium postulatur, cùm vel ad nos

n'est pas rare de retrouver le nom de république, *respublica*, donné aux villes[1], prises alors comme un élément, une fraction de ce grand corps qu'on nommait la république et portant le même nom que lui ; les biens des cités sont assez souvent appelés domaines publics : de là, des faits dignes de remarques.

IX. Le détournement d'une chose appartenant à la commune est un crime de péculat et non un simple vol[2].

Les biens communaux ne se prescrivent que par quarante ans[3].

Les villes n'ont, à la vérité, aucune hypothèque sur les biens de leurs débiteurs[4] ; mais le

est mittenda legatio, vel nostræ sedi aliquid intimandum id quod inter omnes commune consilio tractataque convenerit, minimè in examen cognitoris ordinarii referatur. In loco autem publico, de communi utilitate provincialium sententia proferatur, atque id quod majoris partis probaverit assensus, communis firmet auctoritas. L. 5, Cod., De legat.

[1] Usucapionem recipiunt maximè res corporales, exceptis rebus sacrosanctis populi romani et civitatum, idem liberis hominibus. L. 9, Dig., De usurp. et usucap., Gaius ad edictum provinciale. — V. 1. 53, Dig., Locat. conduct. — L. 17, De verb. signif., V., 1. 16, *ibid.*, Itaque et etiam muri municipales sancti sunt. — L. 8, D., De rerum divisione.

[2] Sed et si de re civitatis aliquid surripiat constitutionibus principum divorum Trajani et Hadriani cavetur peculatus crimen committi et hoc jure utimur. Dig., 1. 4, Ad fin. ad leg. Juliam. — V. contrà, 1. 81, D., De furtis.

[3] L. 23, C. De sacrosanct. ecclesiis, et suprà, p. 59.

[4] Simile privilegium fisco nulla civitas habet in bonis debitorum, nisi nominatim id à principe datum sit. L. 10, Dig., Ad. leg. munic.

possesseur des biens dont le débiteur était propriétaire au moment où la dette a pris naissance, est tenu de l'acquitter à sa décharge [1], et elles sont préférées aux créances purement chirographaires [2].

Les intérêts leur sont dus quand même ils n'auraient été promis que par un simple pacte, et toute promesse faite en leur faveur, quelle que soit la cause, devient une dette dont elles peuvent réclamer le paiement [3].

Comme cette assimilation au fisc, cette participation presque complète aux priviléges dont il est investi, parut encore insuffisante, on a assimilé les cités aux mineurs et on leur a assuré les mêmes avantages [4]; par exemple la restitution contre les engagements onéreux; mais ce qui constitue la principale sauvegarde du patrimoine municipal, c'est la garantie donnée contre les curateurs qui, par dol et par négligence, leur ont occasionné un préjudice. Nous reviendrons sur ce point en traitant de l'administration.

---

[1] L. 2, Cod., De debitoribus civitatum.

[2] L. 58, §. 1, Dig., De reb. auct. jud. poss.

[3] L. 30, Dig., De usuris.

[4] Respublica minorum jura uti solet. L. 4, Cod., Ex quibus causis major.

Rempublicam ut pupillam extrà ordinem juvari moris est. L. 3, Cod., De jure reipub.

Si ex aliquo captum est jus reipublicæ juxtà scita divorum principum defensores reipublicæ, si modo adesse fiduciam negotio putant,

XI. Il faut cependant reconnaître que par rapport au pouvoir central, la cité ne cesse pas d'être subordonnée, sujette et considérée comme simple personne privée. Quoique l'usage, la tolérance, ou quelque concession particulière lui ait laissé des lois, des coutumes particulières, elle n'obéit pas moins aux lois générales de l'état [1]. Elle n'est ni alliée, ni indépendante. En général, ces lois [2], ces

restitutionis auxilium possunt flagitare. L. 1, Cod., De off. ejus qui vicem.

[1] Honorarium decurionatus omnes qui ex quâque civitate Bythyniæ decuriones fiunt, inferre debeant necne, in universum à me non potest statui. Id ergò quod semper tutissimum est sequendum cujusque civitatis legem puto. Traj. Plinio, ep. X, 114; - ep. X, 111.

Si secundùm legem civitatis, reipublicæ cujus meministi, ruina collapsis ædibus tuis distraxit aream, nihil contrà legis hujus tenorem rector provinciæ fieri patietur. L. 4, Cod., De jure reipubl.

[2] Diverses lois du Digeste font mention des lois municipales, ce sont :

L. 21, §. 7, Dig., Ad Munic. ..... Si civitas *nullam propriam legem* habet de adjectionibus admissendis : non posse recedi à locatione, vel venditione prædiorum publicorum jam perfecta : tempora enim adjectionibus præstita ad causas fisci pertinent.

L. 25, *ibid.* .... Magistratus municipales, cùm unum magistratum administrant, etiam unius hominis vicem sustinent : et hoc plerumque quidem lege municipali eis datur.

L. 3, §. 5, De sepulchro violato... D. Hadrianus rescripto pœnam statuit, quadraginta annorum in eos qui in civitatem sepeliunt, quam fisco inferri jussit, et in magistratus, eadem qui passi sunt : et locum publicari jussit et corpus transferri. Quid tamen, si *lex municipalis* permittat in civitate sepeliri? post rescripta principalia, an ab hoc discessum sit, videbimus : quia generalia sunt rescripta, et oportet imperalia statuta suam vim obtinere, et in omni loco valere.

L. 5, 6, Dig., Quod cujuscumque universitat.... Illud notandum Pomponius ait, quod et patris suffragium filio proderit, et filii

coutumes ont trait à l'administration , au mode de création des magistrats , à la répartition des charges et aux autres faits locaux de même nature.

patri..... quod et in honorum petitione erit servandum : nisi lex municipii vel perpetua consuetudo prohibeat. L. 1 , Dig., De albo scrib.

Decuriones in albo ità scriptos esse oportet, ut *lege municipali* præcipitur : sed si lex cessat.... L.3 , §. 4, D. , Quod si aut clam.

..... Hoc ità verum est si non *lex municipalis* curatori reipublicæ amplius concedat. L. 3 , Dig. , De decretis ab ord. faciendis.

Lege autem municipali cavetur, ut ordo non aliter habeatur quam duabus partibus adhibitis. L. 6 , *ib.*

Municipii ità lege cautum erit. L. 11 , §. 1 , Dig., De muneribus et honor. , etsi *lege municipali* caveatur....

L. 18 , §. 27, *ib.*

.... Si hi, qui funguntur, *ex lege civitatis suæ*.... L. 4 , Cod. , De jure reipublicæ, sup.

L. 1 ; Cod. , De emancip. liberor. Si lex municipii , in quo te pater emancipavit.

L. 1 , Cod. , De vend. reb. civil. .... Nisi si qua civitas propriam legem habeat.

V. ci–dessus , p. 40 , note 1.

CHAPITRE DEUXIÈME.

institution impériale ; — motifs de cette opinion. — XXVI. Les professeurs , médecins , etc., approuvés par la curie et révoqués par elle ; — le peuple intervient pour les classer. — XXVII. Autres attributions diverses des décurions, et charges qui leur sont imposées ; — levée des tributs ; — achat de blé ; — administration des deniers municipaux. — XXVIII. Misérable situation des décurions; — conséquence logique des principes du droit à leur égard; — précautions pour les empêcher de soustraire eux ou leurs biens à leurs obligations. — XXIX. Immunités , prérogatives accordées en échange aux décurions; — noblesse; — exemptions des supplices du vulgaire; — charges extraordinaires; — honneurs.

I. Après avoir exposé quel était le mode d'existence des cités municipales, il est indispensable d'expliquer comment leur administration était organisée, à quelles mains elle était confiée, et comment les administrateurs étaient nommés.

II. Déjà, dans l'exposition qui précède, la force des choses nous a contraint de faire connaître, par anticipation sur ce chapitre, cette organisation propre et particulière au droit romain. Le lecteur sait à l'avance que chaque cité était placée sous l'administration d'un certain nombre de citoyens, formant un collége, un conseil particulier créé en vue de cette administration. Ce corps éminemment aristocratique, composé dans chaque ville des citoyens, *optimo jure,* et qui dut être l'image dans chaque cité, toute proportion gardée, du patriciat de Rome, avait au-dessous de lui les plébéiens exclus de l'administration et les citoyens, *non optimo jure.*

¹ De Savigny , Hist. du droit rom. au moyen-âge, t. 1, f. 40.

III. Il est historiquement certain que sa position fut long-temps considérable et enviée. Il est loin d'être prouvé, légalement parlant, qu'elle ait autant déchu qu'il a paru à quelques historiens plus préoccupés de la misère réelle du discrédit inévitable éprouvé par cette institution sous l'oppression générale, que des vues législatives ; ils n'ont pas remarqué que le vice de l'institution, les malheurs du temps, et non la volonté des législateurs, avaient amené l'avilissement de ces dignités ; l'opinion publique n'attache'guère l'honneur et la considération qu'à ce qui procure des avantages, et telle est la cause pour laquelle il n'y a pas d'aristocratie sans priviléges. Quoi qu'il en soit, tant que le régime municipal romain subsiste, on trouve à la tête des populations, la curie, l'assemblée des décurions et une magistrature municipale.

La curie se composait donc des principaux citoyens de chaque municipe ; on est à-peu-près d'accord que cette assemblée comportait légalement un nombre de cent membres [1] ; quoique ce nombre de cent membres ne fût ni constamment ni régulièrement suivi. Le nom de curie que nous avons adopté et que nous continuerons à employer dans le cours de cet ouvrage, n'est pas le seul que cette assemblée ait porté, elle en a

---

[1] Cic. in Rullum, 11, 35. — V. aussi M. De Savigny, Hist. du droit rom. au moyen-âge, p. 74, en note, et l'inscription qu'il cite.

changé suivant les circonstances ; on l'a appelé d'abord *ordo decurionum*, puis simplement *ordo,* puis enfin *curia ,* et les membres qui les composaient *curiales decuriones.* On trouve, par un abus de mots, que peut-être la vanité contribua à introduire, le nom de *sénat, senatus,* donné à ces assemblées, et cette impropriété de langage se voit non-seulement dans les historiens et les inscriptions, mais encore dans les actes du peuple romain, par exemple, dans la table d'Héraclée ; toutefois, la confusion n'est pas possible, et *curia* et *senatus* restaient deux mots opposés ; l'un s'appliquait à une cité, l'autre à Rome [1].

V. La liste des membres de cette assemblée était inscrite sur une table, *in albo,* dans un ordre déterminé, et nous avons déjà eu occasion de citer le titre du digeste qui prescrit la formation de cette liste et les règles à suivre en la dressant.

VI. La loi municipale, particulière à chaque cité, déterminait l'ordre d'inscription ; à défaut de loi particulière, le rang était déterminé par l'ordre des dignités occupées dans la ville par chaque décurion, de manière que le premier en

---

[1] Tabula Heracl., lin. 85, 86, (æris neap., lin. 11, 12.) Ne quis... in eo municipio , colonio præfectura , foro , conciliabulo senatum , decuriones conscriptosve legito. Plus loin , lin. 87 , 88 (13 , 14) , se senatorem decurionem, conscriptumve ibi ac lege esse non licere.

L. 74, Code Theod. , De decur. In his qui *ex curiis,* ad senatus consortia pervenerunt. — L. 85 , cod., Decurionem et suæ si sic dici, oportet curiæ senatorem.

dignité fût inscrit le premier , qu'à dignité égale le plus ancien eût la préséance , et que les derniers de tous fussent ceux qui n'avaient encore été revêtus d'aucune dignité [1] : parmi ceux-ci , le rang était déterminé par le nombre des suffrages, et ceux qui avaient plusieurs enfants étaient inscrits les premiers [2] ; celui qui, après avoir été écarté pour un temps de la curie, venait à y rentrer , reprenait son ancien rang [3]. Toutefois, et avant toutes les dignités municipales, passaient les dignités accordées par le prince ; ceux qui en étaient revêtus occupaient la tête de la liste. Ce

---

[1] Dig., De albo scrib. Decurione in albo ità scriptos esse oportet, ut lege municipali præcipitur : sed si lex cessat, tunc dignitates erunt spectandæ, ut scribantur eo ordine quo quisque eorum maximo honore in municipio functus est : puta : qui *duumviratum gesserunt*, si *hic honor præcellat;* et inter duumvirales antiquissimus quisque prioris : deindè hi, qui secundo post duumviratum honore ex republicâ functi sunt : post eosque tertio, et deinceps : mox hi, qui nullo honore functi sunt, prout quisque eorum in ordinem venit.

In albo decurionum in municipio nomina ante scribi oportet eorum qui dignitates *principis judicio* consecuti sunt : posteà eorum qui tantùm municipalibus honoribus functi sunt.

[2] Dig., De decur. et fil. eor., l. 6, §. 5, 6. Privilegiis cessantibus cæteris eorum causa potior habetur in sententiis ferendis, qui pluribus eodem tempore suffragiis jure decuriones decorati sunt. Sed et qui plures liberos habet, in suo collegio sententiam rogatur, cæterosque honoris ordine præcellit.

[3] Restitutus tamen in ordinem , utrum eum ordinem teneat quem primum habuit ! an verò, quem nunc nanctus est, quæri potest ? Arbitror, tamen eum ordinem tenere quem pridem habuit. L. 2, Dig., De decur. et filiis cor., §. 1.

n'était pas leur seul privilége, comme nous aurons occasion de le faire remarquer [1].

VII. L'album de la cité de Canusium est heureusement arrivé jusqu'à nous. C'est une inscription sur bronze; elle est aujourd'hui conservée à Florence dans la galerie des Médicis, et nous empruntons à M. de Savigny la notice suivante [2]: les décurions y sont nommés tous dans l'ordre suivant :

    30 Patroni CC. VV., clarissimi viri, sénateurs
        romains.
     2 Patroni EE. QQ. RR., equites romani.
     7 Quinquennalicii.
     4 Allecti inter quinquennales.
    22 Duumviralicii.
    19 Ædilicii.
     9 Quæstoricii.
    21 Pedani.
    34 Prætextati.
    ___

    148.

Sur cette liste figurent d'abord les patrons ou membres honoraires. Il y avait deux sortes de patrons : 1° les décurions que de hautes dignités dispensaient du service effectif; 2° les personnes d'un rang élevé, étrangères à la curie, et que le sénat y faisait entrer dans l'intérêt de sa propre vanité ou de celle du nouveau membre; ensuite

---

[1] De albo scribendo, l. 2.
[2] Savigny, Hist. du dr. rom. au moy-âge, p. 74, 75, t. 1, trad. fr.

les anciens fonctionnaires par ordre de rang,
quinquennalicii, duumviralicii, œdilicii, etc.
Il est difficile de déterminer la différence existant
entre les pedani et les prætextati. Il y a un grand
nombre de villes où les premiers décurions, *de-
curii primi,* sont distingués sur la liste. On ne les
trouve pas mentionnés avant l'an de Rome 35o,
époque à laquelle le sénat romain manda les
magistrats et les dix premiers citoyens des villes
latines révoltées ; plus tard, on les rencontre dans
plusieurs cités telles que Amorie, Pise, etc., et
même à la fin du cinquième siècle, à Syracuse.
Ils étaient également séparés de leurs collègues
sur les listes du sénat ; dans d'autres cités, on
trouve aussi des V, VI, VII, XV *primi.* Cette distinction des premiers décurions n'était pas établie
généralement, elle n'existe pas dans l'album rap-
porté par Fabretti, et peut-être n'avait-elle lieu que
rarement ; au reste, les *decemprimi* formaient
une classe à part de décurions, mais non un collége distinct, un conseil supérieur ayant la connaissance exclusive d'une partie des affaires. Les
principales ne formaient pas davantage ce conseil
supérieur, malgré l'opinion contraire de quelques
auteurs trompés par le sens très-vague de ce mot ;
ainsi, il n'y avait, dans la cité, que la seule curie,
et la curie ne composait qu'une seule assemblée
où les rangs et non les pouvoirs étaient distincts.

VIII. Cette impropriété d'expressions a, sans

aucun doute, motivé deux erreurs graves des historiens français, relevées par Savigny, et qu'il est impossible de ne pas signaler. Suivant l'abbé Dubos, il y avait dans chaque cité 1° les *patriciens,* d'où était tiré le sénat, et par conséquent un sénat ; 2° les *curiales,* ayant voix délibérative dans la curie, c'est-à-dire, l'assemblée du peuple et d'où était tiré un sénat inférieur, les décurions; 3° les *possessores ;* 4° les *opifices.* Ce qu'on vient de lire fait connaître combien cette opinion est erronée et combien était plus simple l'organisation municipale. Un corps unique composé de décurions honoraires et de décurions onéraires , si l'on peut parler ainsi , parmi lesquels étaient choisis les magistrats; au-dessous les habitants propriétaires , *possesores,* et enfin les prolétaires, *cohortales;* c'était tout le système. L'erreur de l'abbé Dubos a été en partie partagée par M. Raynouard. Cet auteur veut aussi qu'il y ait eu un sénat distinct de la curie ; seulement il ajoute que, « quoique ce sénat fut une haute et vénérable section de la curie , les décrets se rendaient toujours au nom des décurions [1]; » et cela vient de ce qu'il applique aux sénats des cités gauloises , les passages se rapportant aux sénateurs de l'empire [2]; cette erreur lui fait donner un sens faux à toús les passages où la confusion est possible.

[1] Hist. du droit munic., p. 96, t. 1.

[2] Savigny, t. 1, p. 66.

IX. On entrait dans la curie ou par l'effet de la naissance ou par l'élection : nous entendons parler ici de modes ordinaires d'arriver à la curie.

X. Le lecteur aura sans doute remarqué qu'il existait quelques autres moyens d'y parvenir, qu'on pourrait appeler extraordinaires. Ainsi, le prêtre qui quittait le sacerdoce [1], le fils du vétéran qui abandonnait le métier des armes [2], les enfants légitimes, *per oblationem curiæ*, le clerc puni pour son amour du jeu, entraient ou rentraient dans la curie ; mais ce ne sont là que des voies ou pour y ramener ceux qu'un privilége en avait dispensés, ou pour lui faire acquérir quelques membres dans des cas exceptionnels et très-rares.

XI. Quiconque était issu d'un père ou d'un aïeul décurion, était lui-même condamné à cette dignité onéreuse, et nous n'avons pas besoin de rappeler ici les lois sans cesse renouvelées pour empêcher les citoyens de se soustraire à ce devoir [3].

[1] V. ci-dessus, p. 42.

[2] V. ci-dessus, p. 47.

[3] V. entre autres, dans le Code Théodosien :

L. Qui labor., 86, de l'an 381.

L. Universos, 87, de l'an 381.

L. Curiales, 88, de l'an 382.

L. Universos, 94, de l'an 383.

L. Concessum, 96, de l'an 383.

L. In num., 98, de l'an 383.

L. In omnes, 100, de l'an 384.

L. Admoniti, 113, de l'an 386.

L. Omnes qui, 116, de l'an 387.

L. Universos, 120, de l'an 389.

XII. Il n'y avait d'exception que pour les fils de décurions volontaires. Ceux qui avaient spontanément accepté cette qualité, avaient ce privilége que leurs enfants n'étaient point astreints à la subir à leur tour [1].

XIII. Mais il est facile de comprendre que l'hérédité ne suffisait pas au recrutement du collége des décurions. A la longue, la tige masculine s'éteint dans toutes les familles, et il y avait dans le monde romain, dans l'état même des esprits, trop de causes d'extinction des familles curiales pour qu'un autre mode de recruter le collége ne fût pas nécessaire. Ce mode était l'élection, et par elle les décurions se complétaient eux-mêmes. Dans le principe, il fallait, pour être ainsi élu, payer un cens élevé, *censum, millia censu* [2]. Plus tard, il suffit de posséder 25 journaux de terre et d'être âgé de 25 ans [3]. Que l'on fût habitant par

---

[1] L. 3, Cod., De his qui spontè munera subeunt. — L. 4, eod., Eos qui curiali fortuna liberi constituti posteà se curiæ cujuscumque civitatis obtulerint, confidere volumus , quod posteritas eorum non solùm jam procreata, sed etiam post talem deditionem procreanda , hujusmodi fortuna libera manebit.

[2] Plinius , epist. 1 , 19.

[3] L. 33, Cod. Theod. , De decur. , Sancimus ut qui ultrà viginti quinque jugera privato dominio possidens...... omni privilegiorum vel originis , vel cujuslibet excusationis alterius frustratione submota curiali consortio vindicetur.

Ad subeunda patriæ munera dignissimi meritis et facultatibus decuriones eligantur, ne tales fortè nominentur qui functiones publicas implere non possint.

origine, qu'on eût fixé sa résidence dans une cité, on n'en était pas moins tenu aux charges[1].

XIV. Le citoyen ainsi nommé ne pouvait refuser sans excuses légitimes : au nombre de celles-ci, se présentait l'âge de 55 ans. Etaient exempts les patrons de navire, les matelots, les soldats, les vétérans, les clercs, les fabricants d'armes, les professeurs et les médecins[2]. Ne pouvaient être

Neque enim minores viginti quinque annis decuriones allegi nisi ex causâ possunt. L. 11, D., 50 — 2, De decur. et filiis.

[1] La loi 1re au Code *De incolis* non *tibi,* paraît sur ce point contraire à la loi 3 au même titre. Quelques auteurs pensent que l'adverbe *non* doit être supprimé dans la seconde. Roth, p. 69.

[2] Non est dubitandum quin navicularii non debent decuriones creari. L. 9, §. 2, Dig., De decur. et filiis eorum.

Navicularii sunt navium exercitores qui annonæ urbis serviunt. Poth. Pand., l. 3, t. 4.

Decuriones allegi....... neque hi qui annum quinquagesimum quintum excesserunt. L. 11, Dig., *ibid.*

Sed si ei rei consenserint, etsi majores annis septuaginta sint, munera quidem civilia obere non coguntur, honores autem gerere debent. L. 8, *ibid.*

Militares viros curas arripere prohibemus. L. 16, Cod., De re militari.

Veterani qui cùm possent se tueri immunitate his concessâ, decuriones se fieri in patriâ suâ maluerunt. L. 1, Cod., De his qui spontè publica munera subeunt.

Exceptis qui liberalium studiorum antistites sunt, et qui medendi cura funguntur, decurionum decreto immunitas nemini tribui potest. L. 1, Cod., De decret. decur.

Fabricantes ordinibus restituantur qui originem curialem et propria munera declinaverint civitatis reliqui ne levi quidem inquietudine pulsentur. L. 31, Cod., De decur. — L. 11, Cod., De professoribus et medicis.

élus [1], les esclaves, les affranchis, les citoyens notés d'infamie [2]; mais on pouvait appeler à la curie les enfants illégitimes, incestueux, et même les citoyens illétrés. La naissance y introduisait aussi les enfants dès l'âge le plus tendre. Rien ne s'opposait, d'ailleurs, à ce que le décurion relégué pour un temps, ne fût à son retour appelé de nouveau à la curie [3], mais avec la permission du prince.

XV. L'élection était valable pourvu que les deux tiers des membres de la curie prissent part au vote, et que l'élu obtînt la majorité des suffrages [4].

XVI. Elle produisait immédiatement ses effets

[1] Si libertus vel jus aureorum annulorum adeptus non est, vel natalibus suis non restitutus, præses provinciæ non tantùm curiæ participare non permittat sed juxta. L. 1, Cod., Si serv. aut libert.

Præses provinciæ si eum qui ædilitate fungitur servum tuum esse cognoverit..... dominio suo subjugabit.

Qui judicii publici quæstionem citra veniam abolitionis deseruerunt decurionum honore decorari non possunt : cùm ex Turpilliano senatusconsulto notentur ignominia veluti calumniæ causa judicio publico damnati. L. 6, §. 3, D., De decur. et filiis eor.

[2] Spurii decuriones fiunt et ideò fieri poterit ex incesto quoque natus. *Ibid.*, §. 1.

[3] Qui ad tempus relegatus est, si decurio sit, desinet esse decurio : reversus planè locum suum quidem non obtinebit : sed non semper prohibetur decurio fieri. L. 2, *ibid.*

Imperatores Antoninus et Verus, augusti rescripserunt, in tempus relegatos et reversos, in ordinem allegi sine permissu principis non posse. D., 1. 13, §. 1, De decur.

[4] Nominationum forma vacillare non debet, si omnes qui albo curiæ continentur adesse non possunt, ne paucorum absentiâ, sive

et il n'était pas besoin de l'approbation du gouvernement impérial [1].

XVII. Cependant il était permis à l'élu ou
à tout autre intéressé, de se pourvoir contre cet
acte et d'en demander l'annulation soit au moment même, soit dans le délai de deux mois [2];
à défaut par lui de l'avoir fait, il ne pouvait invo-
quer les dispenses qui l'auraient exempté de cette
charge [3].

XVIII. La première et la principale prérogative
de la curie est de rendre des décrets, de statuer

necessariò, sive fortuitù debilitet quod à majore parte ordinis salu-
briter fuerit constitutum; cum duæ partes ordinis in urbe positæ
totius curiæ instar exhibeant. L. 142, Cod. Theod., De decur.

Quod major pars curiæ effecit pro eo habetur ac si omnes egerint.
L. 19, D., Ad munic.

[1] L'opinion contraire est soutenue par Cujas, sur la loi 2 au code
Decurionibus, et par Raynouard, t. 1, p. 38; mais elle est savamment
réfutée par Roth, 71, not. 46.

[2] ...... Qui ad aliquod munus vel honorem vocantur, cùm dicunt
se habere excusationem: nam non aliter allegare possunt causas immunitatis suæ quam si appellationem interposuerint. L. 1, Dig.,
Quand. appell.

Si quis per absentiam nominatus, vel ad duumviratus aliorumque
honorum infulas, vel munus aliquod evocatus ad provocationis auxilium cucurrerit; ex eo die, interponendæ appellationis duorum
mensium spatia ei computanda sunt ex quo contra se celebratam
nominationem didicisse monstraverit. Nam præsenti qui factam nominationem cognoverit, et appellare voluerit statim debent duorum
mensium spatia computari. L. 1, Cod., De temp. et rep. appell.

[3] Item rescripserunt, non admitti contradicere volentem, quod
non rectè quis sit creatus decurio, cùm initio contradicere debuerit.
L. 15, §. 5, D., De decur.

sur l'administration de la cité [1]. Solennellement convoqués par les magistrats, les décurions s'assemblaient au lieu indiqué. Ceux qui étaient honorati, c'est-à-dire, qui avaient exercé les charges de la république, s'asseyaient; les autres se tenaient debout et donnaient leur avis dans l'ordre d'inscription sur l'album [2]. Nous avons déjà fait remarquer que les actes de la curie exigeaient, pour être valables, la présence des deux tiers de l'assemblée et la majorité des membres présents, ce qui, pour une curie de 99 membres, nécessitait au moins 34 suffrages en faveur du projet. Toute décision où le nombre n'avait pas été observé était nulle [3].

XIX. Il est facile de comprendre que le collége des décurions, pouvoir éminemment subordonné, avait une puissance limitée et était tenu de se renfermer dans certaines bornes. Les lois ro-

---

[1] D., De decretis ab ordine faciendis, lib. L, t. IX. — Cod., l. X, t. 47, De decretis decurionum, etc.

[2] Observare oportebit magistratus, ut decurionibus *solemniter in curiam convocatis*, etc. L. 2, Cod., lib. X, t. 31, De decurionibus et filiis eorum.

L. 4, Cod. Theod., De decur., Quibus præsidatus honor datus est. — L. 1, §. 1, D., De albo scribendo.

[3] Illa decreta quæ non legitimo numero decurionum coacto facta sunt non valent. L. 2, Dig., De decret. ab ord. faciend.

..... Cùm duæ partes adessent aut ampliùs quàm duæ. L. 3, D., Quod cujuscumque universitatis.

..... Planè ut duæ partis decurionum adfuerint. L. 4, D., *ibid.*

V. l. 45, Cod., De decur. — L. 84, Cod. Theod., De decur.

maines contiennent un assez grand nombre d'exemples, des cas où les décrets de la curie étaient annulés comme contenant un excès de pouvoir, *decreta ambitiosa*[1]; de ce nombre, sont les décisions qui accordent exemption des charges municipales ou des récompenses, hors les cas prévus par la loi ou qui peuvent causer quelque préjudice à la chose publique, ou diminuer la liberté des citoyens; ainsi, ils ne peuvent ni établir de nouveaux impôts, ni fixer le prix des grains amenés dans la ville, augmenter la rétribution sur les pâturages[2]; à part ces circonstances, les décrets de

---

[1] V. sup., l. 1, Cod., De decret. decur.

Ambitiosa decreta decurionum rescindi debent, sive aliquem debitorem dimiserint, sive largiti sunt. — §. 1, Proindè (ut solent) sive decreverint de publico alicujus prædia, vel ædes, vel certam quantitatem præstari, nihil valebit hujusmodi decretum. — §. 2, Sed et si salarium alicui decuriones decreverint decretum, id nonnunquam ullius erit momenti : ut puta si ob liberalem artem fuerit constitutum vel ob medecinam : ob has enim causas licet constitui salaria. L. 4, D., De decret. ab ord. fac.

[2] Vectigalia sine imperatorum præcepto, neque præsidi, neque curatori, neque curiæ constituere, nec præcedentiæ reformare, et his vel addere vel diminuere licet. L. 10, princ., D., De publ.

Vectigalia nova nec decreto civitatum institui possunt. L. —2, —3, Cod., Vect. nov. inst.

Imperatores Antoninus et Verus in hæc verba rescripserunt, minimè æquum est decuriones civibus suis frumentum vilius quàm annona exigit vendere. — §. 1, Item rescripserunt jus non esse ordini cujuscumque civitatis pretium grani quod invehitur statuere. L. 3., D., De lege Jul., de annonâ.

Cùm nulla ratio sit, cur in pascuis saltibus rei privatæ pensio de-

la curie étaient exécutoires et le gouverneur n'avait pas le droit de l'annuler [1]. On cite seulement comme exception, le cas où le patrimoine de la ville devait recevoir quelque atteinte de cette exécution ; l'affranchissement d'un esclave de la ville ne pouvait avoir lieu qu'avec le consentement du président de la province [2].

XX. Les objets de ces décrets étaient très-divers et s'appliquaient tantôt à des affaires de la cité, tantôt à des choses étrangères, mais dont une loi leur confiait le soin ; ainsi, en certain cas, la curie donnait et nommait des tuteurs aux impubères [3] ; elle fixait aussi le lieu et l'époque des marchés, exprimait la reconnaissance publique envers les empereurs, les fonctionnaires impériaux et les citoyens [4] ; rendait les honneurs et distribuait des récompenses au nom des habi-

beat ampliari, nequaquàm pro libidine ordinum augmenta facienda sunt. L. 1, Cod., De pasc. publ. et priv.

[1] Quod semel ordo decrevit non oportere (*id.*) rescindi D. Hadrianus Nicomedensibus rescripsit, nisi ex causâ, id est, si ad publicum respiciat rescissio prioris decreti. L. 5, Dig., De decr. ab ord. fac.

[2] Si decretum ordinis auctoritas rectoris provinciæ comprobavit. L. 2, Cod., De serv. reipubl. manum.

[3] Ubi absunt hi qui tutores dare possunt decuriones jubentur dare tutores. L. 19, D., De tut. et cur.

4 Certæ nundinæ civitatibus earumque territoriis ordinentur. Jubemus enim et in oppidis et in regionibus, certo loco et tempore, emendis atque vendendis rebus, per honoratorum dispositionem nec non ordinum seu civium, sub præsentiâ moderatoris provinciæ manifestâ definitione, constitui. Theod. et Valent., Nov, t. 48.

tants ¹, accordait le terrain nécessaire à l'érection de certains monuments.

XXI. Les cités sont exposées à avoir des procès et à l'exercice d'actions actives et passives en

¹ Q. CAVIO. Q. F.
. . . .
QVAEST. PROVINC.
NARBONENSIS
ORDO. DEC. ET
POPVLVS. PA
TRONO. MVNIF.

—

Q. CELLIO
VILLIANO
II. VIR
ADVOCATO PO
PVLI. ORDO
OB. ASIDVA
EIVS IN HANC
REMPVBLIC
MERITA

—

HVIC ORDO NARBONENSIS
PVBLICE FVNVS ET OMNES
VECTIGALES DECREVIT.

Un très-grand nombre d'inscriptions de divers monuments portent que l'emplacement a été accordé par un décret des décurions :

L.   D.   D.   D.

Locus,   Datus, Decreto, Decurionum.

Quelques fois on y lit :

Locus Datus Ex Decreto Decurionum.
Locus Publicè Datus, etc.

Raynouard, t. 1, p. 100.

Si quis de honoribus decernendis alicujus passus non sit decerni, ut puta imaginem alicui vel quid aliud tale : an injuriarum teneatur ? et ait labeo non teneri. D., De inj., l. 13, §. 4.

justice; elles ne peuvent comparaître elles-mêmes et doivent être nécessairement représentées; c'est aux décurions qu'il appartient de pourvoir à ce soin par un décret qui charge une personne d'agir au nom de la ville. Dans le principe, cette personne était assimilée au procureur des particuliers, *procurator;* mais par la suite, au lieu d'un procureur, ce fut un syndic qui représenta les habitants. Nous reviendrons sur les règles tracées à cet égard pour la poursuite et l'exercice des actions des villes [1]. C'est également par un décret qu'ils nommaient les magistrats et les autres employés inférieurs.

XXII. La nomination des magistrats se faisait ainsi : le magistrat en exercice présentait, nommait, *nominabatur,* celui qu'il jugeait digńe d'être son successeur ; la curie statuait par une élection, et si le candidat présenté réunissait la majorité des suffrages, calculés comme nous l'avons déjà indiqué, il parvenait à la dignité qu'il s'agissait de conférer; ainsi, dans le choix d'un magistrat il faut distinguer deux choses : la présentation, *nominatio,* et la nomination proprement dite, *creatio.* Quelques auteurs, et notamment Jacques Godefroy, ont méconnu cette distinction nettement établie par Roth., p. 76, not. 70. Nul ne pouvait être élu s'il n'avait été présenté, mais

[1] Dig., Quod cujuscumque universitatis nomine vel contrà eum agatur. Lib. III , t. IV.

les suffrages restaient certainement libres de le repousser[1].

Roth applique le même mode de nomination aux décurions eux-mêmes, qui alors ne pouvaient être élus que sur la présentation des magistrats[2].

XXIII. Ce droit de présentation d'un successeur par le magistrat en exercice, était plutôt une charge qu'un privilége, car il devenait responsable de la gestion du candidat par lui proposé; il arrivait souvent qu'il renonçait à son droit, quand, par exemple, le gouverneur de la province intervenait et proposait lui-même un candidat de son propre choix[3].

XXIV. Il paraît qu'il existait en Afrique une coutume particulière : la présentation appartenait toujours au magistrat, mais l'élection, au lieu de se faire par les décurions, appartenait au peuple tout entier, c'est-à-dire, aux corporations du sénat et des tribus; chaque corporation avait une voix, et les deux tiers au moins de ses membres devaient avoir assisté à la délibération.

[1] V. Savigny, t. 1, p. 42 de la traduction française.

[2] Ad subeunda patriæ munera dignissimi meritis et facultatibus curiales eliguntur : ne tales fortè nominentur qui functiones publicas implere non possunt. L. 45, Cod., De decur.

[3] La distinction entre la *nominatio* et la *creatio* est très-expressément indiquée par la loi suivante :

Solent plerumque præsides remittere ad ordinem *nominatum*, ut Caium Sejum creent magistratum, vel aliusque honor vel munus in eum conferatur. Utrum igitur tunc appellandum est, cùm ordo de—

XXV. Il était donné avis au gouverneur de la nomination, et le magistrat n'avait besoin d'aucune confirmation pour exercer sa charge. Roth établit très-bien ce point par trois raisons: 1° Si l'on remarque le contraire à Alexandrie, (l. 59, Cod.), cela tient au régime exceptionnel de cette ville et de toute l'Egypte [1]; 2° on exige des magistrats élus une caution, *salvam rempublicam fore,* et cela n'a jamais lieu pour ceux nommés par le gouvernement; 3° l'appel de cette nomination se porte au gouverneur lui-même; or, comment connaîtrait-il en appel d'un recours contre un acte qui émanerait de lui par la confirmation qu'il lui aurait donnée [2]?

XXVI. Les professeurs et les médecins sont approuvés par la curie qui révoque cette approbation lorsqu'ils s'en rendent indignes; mais leur établissement public appartient, en certains cas, au peuple entier, ainsi que nous l'avons déjà fait observer [3].

cretum interposuerit, an verò à remissione, quam præses fuerit appellatio sit interponenda? et magis est, ut tunc sit appellandum, cùm ordo decreverit; magis enim consilium dedisse præses videtur, quis sit creandus, quàm ipse constituisse. Denique ipse erit appellandus, non ab eo provocandum. L. 1, §. 3., D., Quandò appellandum.

[1] Tac., Hist., l. 11.

[2] page 77, en note.

[3] Magistros studiorum doctoresque excellere oportet moribus primùm, deindè facundiâ. Sed quia singulis civitatibus adesse ipse non possum, jubeo quisque docere vult, non repentè nec temerè pro—

XXVII. Hors de la curie et des assemblées publiques, les décurions ont encore des attributions fort diverses ; non-seulement ils ne sont pas exempts de charges publiques, mais il en est qui leur sont spécialement imposées. Ainsi, ils sont chargés de la perception des tributs ; c'est surtout aux *decemprimi* qu'est réservée cette triste fonction qui a été pour beaucoup dans l'avilissement de la curie [1]. Les décurions doivent aussi acheter et vendre à juste prix, aux citoyens, le blé nécessaire à leur nourriture [2] ; ils étaient enfin tenus

siliat ad hoc munus, sed judicio ordinis probatus, decretum curialium mereatur, optimorum conspirante consensu. L. 7, Cod., De profess. et med.

Si quis in archiatri defuncti locum est promotionis meritis adgregandus, non antè eorum particeps fiat, quàm primi qui in ordine reperientur, septem, vel eo amplius judicantibus idoneus adprobetur. L. 10, eod.

Sed et reprobari medicum posse à republicâ; quamvis semel probatus sit, imperator noster cum patre Lælio Russo rescripsit. L. 6, Dig., De excusat.

Grammaticos seu oratores decreto ordinis probatos si non se utiles studentibus præbeant, denuò ab eodem ordine reprobari posse incognitum non est. L. 2, Cod., De ed. et profess.

[1] Exigendi tributi munus inter sordida munera non habetur, et ideò decurionibus quoque mandatur. L. un., Cod., De superexact.

Quidquid ultrà debitum fuerit elicitum à curialibus, vel cohortalibus, vel aliis exactoribus. Basil., ep. 389.

[2] Non debere cogi decuriones vilius præstare frumentum civibus suis quam annona exigit D. fratres rescripserunt et aliis quoque constitutionibus principalibus id cautum est. L. 8, D., Ad munic. et de incol.

Decuriones pretio viliori frumentum quod annona temporalis est

de l'administration des deniers communs [1].

XXVIII. Il est facile de comprendre combien la vie d'un décurion était entourée d'entraves et de gêne ; obligé d'administrer, à ses risques et périls, les affaires de la cité, il se voyait privé de la liberté dont les autres citoyens jouissaient dans la vie civile. Le droit romain avait une logique inflexible et un principe amenait toujours ses conséquences ; du moment que l'on admit en principe que le décurion se devait à l'administration de la république, on admit toutes les restrictions, toutes les charges qui finirent par ruiner l'institution elle-même, quand le malheur des temps les eut rendues intolérables. Puisqu'il se devait à la cité, il fallait qu'il s'acquittât convenablement de ce devoir ; de là la responsabilité et les mesures pour que le devoir ne fût pas éludé. Pour que la responsabilité ne fût pas illusoire, il fallut assurer l'action de la république sur le patrimoine du décurion ; de là les mesures pour empêcher qu'il n'en disposât soit directement, soit indirectement. Ainsi, il ne pouvait prendre à bail les choses d'autrui [2], ni accepter volontaire-

---

patriæ suæ præstare non sunt cogendi. L. 5, Dig., De admin. rer. ad civ. pert. — V. 1. 4, Cod. Theod., De lustr. coll.

[1] Gestum autem in republicâ accipere debemus, pecuniam publicam tractare, sive erogandam decernere. L. 2, §. 1, Ad munic.

[2] Curialis neque procurator, neque conductor alienarum rerum nec fidejussor aut mandator conductoris existat. Alioqui nullam obli-

ment la gestion de ses affaires [1], ni accepter des offices étrangers à la curie, comme celui de tabellion [2], ni donner [3] ni vendre ses héritages [4] sans un décret qui l'y autorisât, ni même, au cas où il décéderait sans enfants chargés de continuer à la curie les mêmes devoirs, disposer de

gationem neque locatori neque conductori ex hujusmodi contractu competire sancimus. L. 30, Cod., De loc. et cond.

Decurio qui prohibetur conducere quædam si jure successerit in conductione remanet in ea.

Roth argumente avec raison de cette loi et de la loi 6, §. 2, même titre, ainsi que de la loi 2, §. 1, De adm. rer. ad civ. pert., pour établir qu'avant cette loi due à Théodose, il n'y avait que les impôts et les domaines publics dont un décurion fût incapable de se rendre fermier, et qu'à la fin de l'empire seulement ils furent exclus, pour ainsi dire, du commerce des hommes.

[1] L. 34, Cod., De decur. Si quis procurationem facultatum suarum curiali crediderit esse mandandam totius dignitatis exceptione depulsâ, gravissima pœna plectatur : ille verò qui immemor libertatis et generis infamissimam suscipiens vilitatem, existimationem suam servili obsecundatione damnaverit tradatur exilio.

[2] Universos decuriones volumus à tabellionum officiis temperare. L. 15, Cod., De decurionibus.

[3] Quia sub falsas causas faciebant donationes et hoc omninò abrogavimus, donationem simplicem facere curialem in quácumque personâ : excepimus autem competenter anteà nuptias donationem. Nov. XXXVIII, præf., §. 2.

Valentibus cæteris hominibus, exceptis curialibus, facere dictas mortis causâ donationes. Nov. LXXXVIII, 1.

4 Si quis decurionum vel rustica prædia, vel urbana venditor necessitate coactus addicet, interpellet judicem competentem, omnesque causas sigillatim, quibus strangulatur, exponat ; et ità demum distrahendæ possessionis facultatem accipiat, si alienationis necessitatem probaverit. L. 7, Cod., De præd. decur. — V. L. 2, eod.

plus du quart de sa fortune [1]. Enfin, il ne pouvait ni s'absenter de la ville, ni faire un voyage de courte durée sans une autorisation [2]; il était lié à la curie par un lien qui durait autant que sa vie, et que les honneurs suprêmes de l'état, ou l'infamie des derniers supplices pouvaient seuls rompre [3]. Nous avons déjà dit que partout où le curiale fugitif était retrouvé, il y était saisi et ramené à sa chaîne ; nous ajouterons que si sa

---

[1] Si igitur post hanc legem defunctus fuerit curialis, filios non habens, iste propriam substantiam curiæ derelinquerit, quartam verò quibus voluerit. Erit namque ei pro filio forsan uno vel plurimis tota curia, id est et totius civitatis plenitudo in filiorum modum existens, et fama bona perpetua, et immortalis memoria et fructus tantus nequaquam à filiis esset. Nov. XXXVIII, 1.

Théodose, par la loi 1, Cod., Quand. et quib. quarta pars, avait obligé le décurion à laisser le quart.

[2] Non antè discedat quàm insinuato judice desiderio profisciscendi licentiam consequatur. L. 16, Cod., De decur.

[3] Si quis decurio pater sit duodecim liberorum, honoratissimâ munerum quiete donetur. L. 24, Cod., De decur.

Si quis vel summum patriciatus honorem fuerit consecutus, sive infulis consulatus honorarii aut ordinarii fuerit ampliatus, ut vel consul vel consularis efficiatur, seu præfectorum prætorio infulas susceperit gubernaculas vel urbicariam (in ipso tamen actu) meruerit præfecturam, necnon magistri militum officium gerendum susceperit, is gaudeat se ejusmodi conditionis esse exsortem et liberum cum suis facultatibus suâque posteritate, quàm postquàm meruerit dignitatem vel actum gesserit, ediderit... viri etiam clarissimi principes agentium in rebus curiæ libertatem ex antiquis legibus consecuti sunt : et viri spectabiles proximi sacri scrinii libellorum sacrarumque cognitionum et dispositionum... Aliis autem modis... liberationem competere cuidam curialis fortunæ nullo patimur modo. L. 66, Cod., De decur.

personne échappait à la recherche dont il était l'objet, ses biens étaient attribués à la curie dont il était précédemment membre [1].

XXIX. En échange de tant d'entraves, quelques avantages, quelques priviléges lui étaient accordés; c'est le propre du despotisme de payer en priviléges la perte de la liberté.

Les décurions sont nobles, ils forment une classe distincte du peuple, des plébéïens [2]; ils ne peuvent être mis à la torture [3], et sont exempts des supplices vulgaires [4]; le proconsul ne peut seul leur infliger de peine, mais il doit se borner à faire jeter dans les fers ceux qui sont soupçonnés de quelques crimes et à en référer à l'empe-

[1] ...... Itaque si vocati edictis intrà anni metas, hi tamen, qui manifestis curiæ nexibus illigantur, latere potius, quàm redire maluerint : sciant post emensum annum interpellatis provinciarum moderatoribus, ex facultatibus suis, curiis quas destituerant, esse consulendum. L. 51, Cod., De decur.

[2] In personâ eorum exploranda erit inprimis conditio cujusque : utrum quis decurio an plebeius sit. L. 3, princ., D., De rect. — L. 7, §. 2, De decur., Dig. — L. 7, princ. — L. 14, §. 4, D., De mun. — L. 5, Cod., De defens. civit. — L. 34, Cod., De decur.

[3] De decurione damnato non debere quæstionem haberi, divus Pius rescripsit. Unde etiam si desierit decurio esse deinde damnetur non esse torquendum in memoriam prioris dignitatis placet. L. 14, D., De decur.

[4] Decuriones in metallum damnari non possunt nec in opus metalli, nec furcæ subjici, vel vivi exuri. — Parentes quoque et liberi decurionum in eâdem causâ sunt. L. 9, Dig., De pœnis, §. 11 et 12. — Toutefois la loi 16, D, Ad. leg. corn., paraît contraire.

reur [1]. Les charges extraordinaires, telles que celles relatives au domaine privé du prince [2], ou les charges avilissantes, *sordida* [3], ne peuvent leur être imposées. Enfin, après avoir rempli toutes les charges municipales, un décurion passe dans la classe des honorés, *honorati*, et en prend le titre ; il peut être élevé à la dignité de comte [4]; nous omettons un autre avantage, et celui-là devait être réclamé souvent : le décurion réduit à l'indigence, était nourri aux frais de la cité [5]. Nous ne savons si nous devons compter au nombre de ces priviléges le droit de prendre part à une prestation que tout nouveau décurion devait fournir [6], qui portait le nom de sportule, *sportula,*

---

[1] Sed etsi de decurione puniendo vel filio, vel nepote, vel præses scribendum principi interlocutus est, non puto statim servum pœnæ factum, licet in carcere soleant diligentioris custodiæ causa recipi. Nec hujus igitur testamentum irritum fiet, priusquam princeps de eo supplicium sumendum rescripserit. L. 6, §. 7, D., De inj. rupt. mit. test.

[2] Curiales omnium civitatum nullam pro re privatâ nostrâ debent inquietudinem sustinere : nec hujusmodi oneribus velut extraordinariis occupari quoniam satis est, si civitatum munera per eos congrue compleantur. L. 7, Cod., De decur.

[3] Humilioribus officiis aut extraordinariis oneribus occupari curiales non sinimus ne publico vaccillet autoritas. L 14, C., De susc.

4 L. 1, Cod. Theod., De off. jud. civ. — L. 4, *ibid.*, De decur., et l. ultim., Cod. Theod., De off. jud. civ. — L. 47, Cod., De decur. — L. 105, Cod. Theod., De decur.

5 Plinius, ep. X, 113, 114.

6 Decurionibus facultatibus lapsis alimenta decerni permissum est, maximè si ob munificentiam in patriam patrimonium exhauserint. L. 8, D., De decur.

et qui se partageait entre les décurions en exercice; il est peu vraisemblable que cet usage se
soit maintenu jusqu'à la fin de l'empire, car les
lois de cette époque n'en font aucune mention.

Il était un dernier et singulier privilége qui
attribuait aux cités la succession des décurions
morts sans héritiers légitimes et sans testament.
Mais ces successions étaient-elles partagées entre
les décurions ou affectées à l'allégement des charges publiques [1]? c'est ce que les lois laissent dans
l'incertitude [2].

Nous avons déjà fait connaître notre pensée
sur les inconvénients de ce système d'administration, et signalé les causes qui ont dû en hâter
la chûte. Mais il faut reconnaître également que,
pour tout ce qui ne touchait pas aux exigences
du fisc et aux intérêts despotiques, ce système
d'administration était sage et libéral. Aussi, au-
rons-nous occasion de signaler la perpétuité de
son influence sur les villes et les communes modernes, et nous trouverons l'origine de presque
tous les principes de notre administration actuelle
puisés à cette source. On l'a déjà dit bien des fois, et
il semble oiseux de le répéter; mais on est conduit
presque malgré soi à le faire, tant la remarque

---

[1] Intestatorum curialium bona, si sine hærede moriantur, ordinibus patriæ eorum adipisci præcipimus. L. 4, Cod., De hæred.
decur.

[2] V. par analogie la loi 3 et la loi 5, Cod., De hæred. decur.

est vraie : les Romains ne bâtissaient pas seulement pour l'éternité, leurs lois et leurs institutions participaient du même caractère, et elles sont restées plus indestructibles que la pierre et le marbre de leurs monuments.